苏州 藝圃

林源　张文波　编著

中国建筑工业出版社

图书在版编目(CIP)数据

苏州艺圃 / 林源, 张文波编著. —— 北京：中国建筑工业出版社, 2013.12

ISBN 978-7-112-15894-2

Ⅰ. ①苏… Ⅱ. ①林… ②张… Ⅲ. ①古典园林—研究—苏州市 Ⅳ. ①K928.73

中国版本图书馆CIP数据核字（2013）第225254号

责任编辑：戚琳琳
责任校对：张 颖 关 健

苏州艺圃

林源　张文波　编著

*

中国建筑工业出版社出版、发行（北京海淀三里河路9号）
各地新华书店、建筑书店经销
北京美光制版有限公司制版
北京利丰雅高长城印刷有限公司印刷

*

开本：880×1230毫米　1/16　印张：12¾　字数：326千字
2017年5月第一版　　2017年5月第一次印刷
定价：108.00元
ISBN 978-7-112-15894-2
　　　（24894）

版权所有　翻印必究
如有印装质量问题，可寄本社退换
（邮政编码 100037）

编写人员名单

测绘指导教师 林 源　宋 辉

池山部分测绘（西安建筑科技大学建筑学院景观建筑学本科2008级01班）

　　　　　　张　霄　吴碧晨　吴　迪　卫泽民　张　勤　王泳文　冯若文
　　　　　　高丽敏　高　轶　蒋勤欣　孙佳楠　任　达　何政锐　张　勇
　　　　　　于广利　郑　科　曾黛林　王晓洁　李　伟　李化贝　刘　玲
　　　　　　刘腾潇　袁　舒　夏　颖　孙燕杰　邓怀宇　吕　安　张　斌
　　　　　　郭润泽

园宅部分测绘（西安建筑科技大学建筑学院建筑历史与理论研究生2010级）

　　　　　　崔兆瑞　冯珊珊　谷瑞超　刘　虹　赖祺彬　岳岩敏　张文波
　　　　　　雷　繁　唐浩川　徐　蕊　王晓静　朱庭枢　张昱超

文字写作　林 源

历史文献辑录　林 源　冯珊珊

图文制作　张文波　陈斯亮

苏州艺圃·位置图

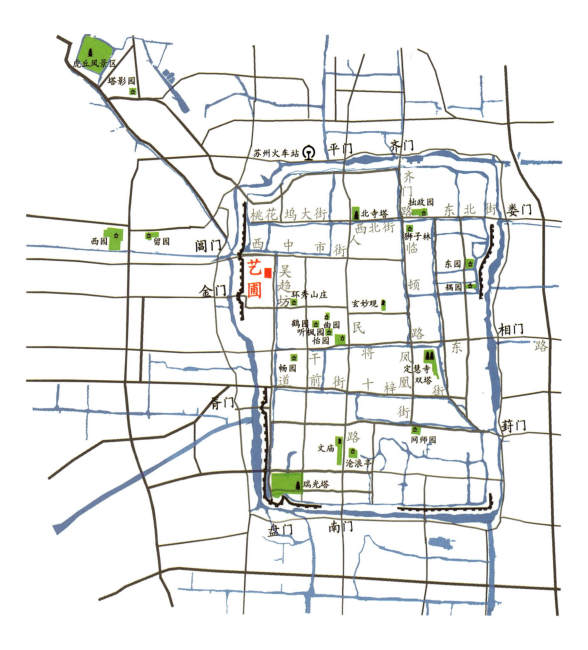

苏州艺圃·平面图

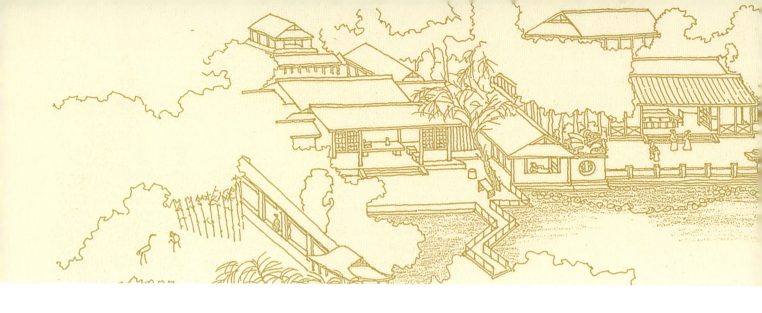

目录

一、艺圃的营建历史

1. 艺圃的营建历史 / 2
    艺圃的历史沿革 / 17

2. 艺圃附表 / 18
    表1　艺圃营建年表 / 18
    表2　艺圃主要历史文献辑录表 / 20
    表3　艺圃历代园主及相关人物简表 / 22
    表4　艺圃1982年修复工程信息表 / 24
    表5　艺圃各时期建筑信息表 / 25

参考文献 / 31

二、现在的艺圃

艺圃·入口部分 / 34
    1. 入口前 / 35
    2. 门屋 / 36
    3. 长方形入口小院 / 37
    4. 小"巷" / 38
    5. 过厅 / 40

艺圃·世纶堂-东莱草堂部分 / 41
    6. 世纶堂 / 42
    7. 东莱草堂 / 44
    8. 思敬居 / 47
    9. 饽饦斋 / 48

艺圃·入口-东莱草堂部分 / 49

  艺圃·博雅堂-水榭部分 / 50
    10. 旸谷书堂与宜景小庭 / 51
    11. 博雅堂与水榭院落 / 53
    12. 博雅堂西小院 / 55

  艺圃·响月廊部分 / 58
    13. 响月廊 / 58

  艺圃·香草居-南斋部分 / 59
    14. 香草居-南斋（芹庐小院）/ 59

  艺圃·浴鸥小园部分 / 61
    15. 浴鸥小园 / 61

  艺圃·池山 / 66
    16. 池山 / 66

  艺圃·乳鱼亭、思嗜轩、爱莲窝部分 / 74
    17. 乳鱼亭、思嗜轩、爱莲窝 / 74

三、艺圃现状测绘图

  艺圃·入口部分 / 86

  艺圃·世纶堂-东莱草堂部分 / 96

  艺圃·博雅堂-水榭部分 / 120

  艺圃·响月廊部分 / 138

  艺圃·香草居-南斋部分 / 142

  艺圃·乳鱼亭、思嗜轩、爱莲窝部分 / 148

四、附录

附录一　艺圃历史文献辑录　/ **158**

附录二　艺圃历史图片　/ **174**

附录三　艺圃的植物　/ **184**

附录四　艺圃·测绘实录·测绘草图　/ **190**

附录五　艺圃·测绘实录·现场照片　/ **192**

后记

壹

一、艺圃的营建历史

1.艺圃的营建历史

（1）醉颖堂

明嘉靖三十八年（1559年），时任浙江按察司副使的袁祖庚[1]因去职免官，回到老家苏州府长洲县（今苏州市）。在城的西北、西近阊门[2]的吴趋坊购地十亩，营建家宅。此即艺圃营建之始。

当时阊门周围是繁华街市到城外郊野的过渡地带，人烟稀少，文人士大夫大都不喜欢在此区域居住[3]。不过也许正是由于这个原因，袁祖庚才能购得十亩之地来建宅营园。

袁祖庚少年聪颖，二十二岁时中进士。任浙江按察司副使时，与当时在浙江任参将的戚继光在沿海一带大破倭寇，受到嘉奖。但因下属诬告，先被降级，后又被削职为民。还乡时年届四十，正值"强仕之年"[4]，但仕途已然无望，于是在家中邀朋聚友，终日以饮酒、诵诗为乐，将自家宅园命名为"醉颖堂"，并在门额上题名"城市山林"[5]，过起了"十亩之宅，五亩之园，有水一池，有竹千竿。……有书有酒，有歌有弦"[6]的生活。不过醉颖堂究竟是何面貌，文献记载都甚为简略，都只说"有池台花竹之胜"[7]，由此并据其占地规模推想，应是林木、池、山占了园的主体，以山林之景取胜的。

明万历十八年（1590年）袁祖庚卒，醉颖堂传给其子孝思。后来袁孝思赴京城为官，应是在此之后，醉颖堂开始逐渐凋败。

袁祖庚卒后大约三十年，时当万历末年[8]，另一位苏州人文震孟[9]购得了醉颖堂。

文家是名门望族，文震孟的曾祖父是文徵明（世称衡山先生），祖父文彭是著名的书画家、篆刻家，国子监博士。文震孟少年时即以才学闻名乡里，但十次参加会试皆不中，直至天启二年（1622年）、四十八岁时中殿试第一名。当时魏忠贤干政，文震孟因直言上谏，屡次被贬，复又起用。崇祯八年（1635年）授礼部左侍郎兼东阁大学士，文震孟两次上疏坚辞皆不准，只得赴任。但仅仅三月就因同僚诬告被免职，返回苏州老家，半年后去世。《明史》评论说"震孟刚方贞介，有古大臣风。惜三月而

---

[1]袁祖庚，字绳之。生于明正德十四年，卒于万历十八年（1519~1590年）。苏州府长洲县（今苏州）人。嘉靖二十年（1541年）进士，官按察佥事、按察司副使。故时人多称之为袁宪副。《浙江通志·卷一百十八》及《江南通志·卷一百二十八》有记。

[2]阊门是苏州城西城墙的三座城门中北端的城门。

[3][明]姜埰《颐圃记》："……其地为姑苏城之西北偏，去阊门不数百武，阛阓之冲折而入杳冥之墟，地广十亩，屋宇绝少，荒烟废沼，疏柳杂木，不大可观。故吴中士大夫往往不乐居此，……。"

[4][5][7][清]归庄《跋姜给谏匾额后》："宪副中嘉靖辛丑进士，强仕之年，即弃官归，以其居有池台花竹之胜，颜其楣曰城市山林。与袁安节公抑之、陈方伯子兼、冯抚州信伯辈，觞咏其中，……"

[6]白居易《池上篇》。

[8]万历年间为1573~1620年（万历元年~万历四十八年）。文震孟得醉颖堂之具体时间不详，仅知在万历末年、文震孟考取进士（1622年）之前。据[清]归庄《跋姜给谏匾额后》："…圃之名始于万历末年，公未第之时，……"

[9]文震孟，字文起，号湛持。生于明万历二年，卒于崇祯九年（1574~1636年）。苏州府吴县（今苏州）人。福王时追谥文肃。其传见《明史·卷二百五十一·列传第一百三十九》。

斥，未竟其用"[1]。

明代中叶至晚期，苏州地区经济发达，文化亦繁荣，"士大夫以儒雅相尚，若评书品画、渝茗焚香、弹琴选石等事，无一不精"[2]。营造园宅、标榜林壑与评书论画、诵诗作文、品茗弹琴在文人士大夫的生活中均是不可或缺。文家历代均好造园，文徵明之父文林建停云馆，文徵明继承下来并重修[3]，作有《重葺先庐》诗记此事："基构百年谋，依然四壁秋。庭荫别树色，檐影带云流。客到从题凤，余生本类鸠。稍令供燕祭，此外复何求？"。文徵明之孙文肇祉，即文震孟的伯父，在虎丘南岸营塔影园。据清顾苓《塔影园记》载："塔影园者，文基圣先生别墅也。先生为待诏衡山之孙，国博三桥子，词翰奕世，宏长风流。初于虎丘南岸，诛茅结庐，名海涌山庄。凿池及泉，池成而塔影现。 张伯起赋诗落之，于是和州为之图，三桥题其上云：篱豆花开香满园，赤栏桥畔塔斜悬。偶思小饮沽村酿，门外鱼虾正泊船。园之萧条疏豁，大概可见。……"[4]，文震孟之父文元发营有衡山草堂。震孟之弟震亨以弹琴、作画、造园闻名于天下[5]，在苏州营园多处，最著名者为香草垞，"公长身玉立，善自标置，所至必窗明几净，扫地焚香。所居香草垞，水木清华，房栊窈窕，阛阓中称名胜地。曾于西郊构碧浪园，南都置水嬉堂，皆位置清洁，人在画图。致仕归，于东郊水边林下，经营竹篱茅舍，未就而卒……"[6]。文震亨在其许多文章、著作中都专门论及造园、风景，其中以《长物志》、《香草垞志》与造园关系最为紧密[7]。

（2）药圃

文震孟得醉颖堂后改名为药圃，在园中莳花种药[8]。根据文献推断，醉颖堂时期留存下来的内容很少，园子的基本格局应是在药圃时期奠定的。

文震孟在园中营建了多处建筑，"药圃中有生云墅、世纶堂。堂前广庭，庭前大池五亩许。池南垒石为五老峰，高二丈。池中有六角亭，名浴碧。堂之右为青瑶屿，庭植五柳，大可数围。尚有猛省斋、石经堂、凝远斋、岩扉。"[9]。在述及药圃的文献中，这段文字提供的信息是比较详细的。据此可知，药圃的主体是由一个面积为五亩的池和池南的石山构成的。如果药圃的总占地面积仍保持了醉颖堂时十亩的规模，那么池水即占了全园总面积的一半。

文震亨在《长物志·卷三·水石》"一、广池"中说："凿池自亩以及顷，愈广愈胜。"五亩之池，称得上是"广池"了。与占全园面积一半的广池相比，园中建筑

[1]《明史·卷二百五十一·列传第一百三十九》。

[2][清]伍绍棠《长物志·跋》。

[3] 见[清]徐崧、张大纯纂辑，《百城烟水·卷二·吴县·停云馆》："停云馆，在三条桥西北曹家巷。文温州林所构，子待诏徵明亦居之，嘉靖间所勒帖谱十二卷盛行，其名益著。"（注：文林官温州知府，故人称文温州。）

[4] 文肇祉号基圣。待诏衡山指文徵明。文徵明之子文彭，字寿承，号三桥，为国子监博士。和州为文彭之弟文嘉，字休承，官和州学政；虎丘，别名海涌。（录自《民国吴县志·卷三十九下·舆地考·第宅园林》）。

[5] [清]徐沁《明画录》："（文震亨）工诗，……画山水兼宗宋元诸家，格韵兼胜。"[明]顾苓《武英殿中书舍人致仕文公行状》："少而颖异，生长名门，翰墨风流，弈走天下。"

[6] [明]顾苓《武英殿中书舍人致仕文公行状》。

[7] 如《长物志》，共十二志（卷），与造园直接相关的有室庐、花木、水石、禽鱼、蔬果五志，其余各志也与造园有间接关系。

[8] 见姜埰《颐圃记》："相国杜门埽轨，屏居莳植，亦此一地也，署曰：药圃，……"

[9] [清]文含撰，《文氏族谱续集·历世第宅坊表志》。

物自然就显得分量轻了。所以药圃应是以开阔疏朗的池山林木之景取胜的,这一特点与醉颖堂时期的"池台花竹之胜"是有渊源关系的。

既然池水是园的主导,园中的主要建筑采用环池而建的格局就是很自然的了。第三任园主姜埰[1]曾描述初见药圃时的园内状况,"东西数椽临水,若齿,若都稚,若仓府,若鸟之翼,若丛草孤屿之舟。…兵燹之后,即世纶堂、石经阁皆荡然,……"[2]由此印证了园内建筑确是临水而建,而且形态多样,这些建筑错落、参差、凸出于水面之上,避免了池岸的平直,亦丰富了广池的空间层次。

因为山在池南,所以临水的建筑分布在池的东、北、西三面。作为园中主体建筑的世纶堂位于池的北岸,面南。与其他建筑不同的是,世纶堂不是直接临水,而是在堂前筑一开敞的庭院。这个庭院应是三面围合的,南面敞开,临于池水之上。临水处可能设有石栏或木栏。

那时的世纶堂与现在艺圃的世纶堂已不是同一建筑,位置不同,现在的世纶堂是后代重修的。对照艺圃的现状格局来看,药圃时的世纶堂应在现在的博雅堂的位置。

世纶堂隔池水正对池南的石山,以石山的主峰五老峰为其对景。五老峰高二丈,应是全园的制高点。

世纶堂之右,即西邻,为青瑶屿,是药圃中另一组重要建筑,文震孟的读书处[3],庭中种有五棵大柳树。陶渊明号五柳先生,庭中植五柳,主人之用意不言自明。这些柳

[1] 姜埰,字如农。山东登州莱阳县(今山东莱阳)人。生于明万历三十四年,卒于清康熙十二年(1606~1673年)。门人谥其为贞毅。

[2] [明]姜埰《疏柳亭记》。

[3] 据《民国吴县志·卷三十九上·舆地考·第宅园林》:"文文肃公震孟宅……中有世纶堂。圃曰药圃。又有青瑶屿,公读书处也。"

◆ 图1 现状艺圃中博雅堂与世纶堂的位置

● 图2 《艺圃图》中的敬亭山房

古柳

这是姜氏艺圃时期的敬亭山房，文氏的青瑶屿应是在此区域

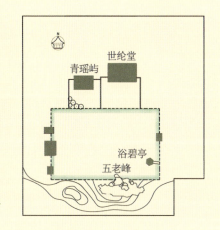

● 图3 文震孟药圃总平面想象图

树到姜垛艺圃时仍在，青瑶屿的建筑可能多少也留存了一些。姜垛因这些柳树，将自己增修的草堂命名为"疏柳"[1]。姜家的常客、古文家汪琬写《文文肃公传》时也专门提到了这些柳树。

方池中建有浴碧亭，不知其具体方位，推测应该置于池面较宽阔处，以起到划分水面、增加层次的点景作用，也是观景之处。

药圃中其余各建筑，如生云墅、猛省斋、石经堂、凝远斋、岩扉等，具体位置均无从得知。

崇祯九年（1636年），文震孟病卒。

文氏经营药圃，自万历末至崇祯九年，前后不足二十年时间。在明末的战乱中，药圃中有若干建筑被毁，占地规模相应也缩减了。

清初，顺治十六年年末（1659年），五十三岁的姜垛经友人介绍购得药圃为宅[2]。姜垛在祯时官礼部给事中，因谏言获死罪，幸而得免，谪戍宣州[3]，但未及赴任明代已亡，在战乱之中流寓苏州并最终定居于此。袁祖庚与文震孟都以忠直刚介名闻于当世，而姜垛自己同文震孟一样也因直言上谏获罪，经历类似。能得袁、文二人之故居为宅，姜垛感慨良多，于是作《颐圃记》与《疏柳亭记》[4]专记此事。

[1] [明]姜垛《疏柳亭记》："……兵燹之后，即世纶堂、石经阁皆荡然，惟古柳四五株，则数十年物。余作草堂三楹，颜之曰'疏柳'，志旧也；颜其堂曰'东莱草堂'，颜其房曰'敬亭山房'。"

[2] 见[明]姜垛《疏柳亭记》："…余时寓真州。及己亥之变，踉跄渡江，因属老友为余卜居。老友奔折五六月，卜文相国之故宅居余。"（注：己亥为清顺治十六年；真州，今江苏仪征市）

[3] 明之宣州卫，今安徽宣城市。

[4] 均收在姜垛《敬亭集》中。

（3）颐圃/敬亭山房/艺圃

姜埰改"药圃"为"颐圃"。姜埰以"颐"字名圃，是为了表达不求外物、自足于山林的心志[1]。因为难忘戍所宣州，姜埰以宣州的敬亭山为号，自称敬亭山人，又称颐圃为"敬亭山房"。后来其次子实节[2]又将"颐圃"改名为"艺圃"[3]。

文氏药圃时期的一些建筑已毁，但池、山格局仍在，姜氏父子在此基础上进行了整修、恢复及新建。清代初年，阊门以内已不是"荒烟废沼"，而是繁华街市，所以艺圃这片山水林壑尤显特出，又因历任园主之声名，艺圃遂成为苏州府的一处名胜之地。如古文家汪琬[4]在《姜氏艺圃记》中所说："吾吴郡治西北隅，固商贾阛阓之区，尘嚣湫隘，居者苦之，而兹圃介其间，特以胜著。"清代不少著名的诗人文士都有描写、吟咏艺圃景致的诗文作品传世[5]。如王士禛有《艺圃杂咏》诗十二首，施闰章有《和艺圃十二咏寄姜仲子学在》诗十首，等等，可见艺圃当时声名之盛。

在这些诗文中，以汪琬的两篇艺圃记——《姜氏艺圃记》和《艺圃后记》最为详尽地描述了艺圃的格局与建筑组成。汪琬家住阊门外，与艺圃相距不远，是艺圃的常客。除艺圃二记之外，汪琬还有多首吟咏园中景物的诗作[6]。姜实节还请魏禧[7]、归庄[8]、黄宗羲[9]等名士为艺圃作记，请"清六家"之一的王翚（石谷）[10]作《艺圃图》，这些作品比较充分地保留了艺圃的多方面信息，使得姜氏艺圃在各个时期的"艺圃"中是面目最为清晰的。

姜氏时期的艺圃，总体布局是东宅西园，仍以池为园之核心，但是池的面积仅有二亩左右了[11]。池大致为方池，池北以建筑物的基台为岸，其余部分垒块石为岸。沿岸种有莲、荷；池的西南角辟出一区小池，名浴鸥池[12]，是艺圃中独立的一个小园。但是不知道这片区域是否有墙围合（现在的浴鸥小园是有围墙的）。池南堆土为山，在土山基础上再置以数十石峰，其中主峰名叫垂云峰。山顶平坦，于高平处建台，名为朝爽台，这里是制高点，可以俯瞰全园；池北居中位置，为全园之主厅念祖堂。念祖堂之前身即文震孟世纶堂，文氏之后曾废为马厩，后来彻底被毁。姜埰应是在世纶堂的位置新建了园中的主厅，命名为念祖堂，用于祭祖。念祖堂面阔五间带前廊，继承了世纶堂的格局，即堂前有庭，庭三面围合、南面临水。堂隔池水正对垂云峰。

念祖堂的东邻是以旸谷书堂和爱莲窝为主的一院建筑，是姜埰长子姜安节读书讲学之处，满院种竹。这组建筑是东西向的，"旸谷"[13]是上古传说中的日出之地，

[1] 语意出自《易》卦辞。如姜埰所言："在《易》之'颐'曰：'贞吉，自求口实'。夫求诸己而不求于人，庶几两先生之无所求而为之者欤？"（《颐圃记》）。

[2] 姜实节，字学在，号鹤涧。生于清顺治三年，卒于康熙四十八年（1646～1709年）。

[3] "艺"乃种植之意。

[4] 汪琬，字苕文，号钝翁，晚年号尧峰。生于明天启三年，卒于清康熙三十年（1623～1691年）。苏州府长洲县人。

[5] [清]汪琬《姜氏艺圃记》："……马蹄车辙，日夜到门，高贤胜境，交相为重，何感乎四方骚人墨士，乐于形诸咏歌，见诸图绘，迄二十余年而顾益盛与？"（《尧峰文钞·卷二十三》）

[6] 如《艺圃十咏》、《思嗜轩诗并序》、《艺圃竹枝歌四首》等，均收在《尧峰文钞》。另，艺圃二记均作于姜埰卒后，因文中称姜埰为贞毅先生，贞毅乃姜之门人追谥之号。且文中述及思嗜轩、谏草楼，两建筑均是姜去世后其子所建。

[7][8][9][10] 详见附表3"艺圃历代园主及相关人物简表"。

[11] [清]汪琬《艺圃后记》："方池二亩许。"

[12] 以"浴鸥"为名，表达的是退隐山林、悠游天地之意。

[13] "旸谷"典出《尚书·尧典》："分命羲仲，宅嵎夷，曰旸谷。"

一、艺圃的营建历史 　007

◆ 图4　王石谷《艺圃图》

念祖堂与
堂前广庭

旸谷书堂

爱莲窝

垂云峰

◆ 图5　《艺圃图》中的念祖堂，旸谷书堂，爱莲窝，垂云峰

故东向与此意相呼应。同时也便于围合出念祖堂前的庭院并突出念祖堂之重要地位。爱莲窝则是一座水榭，据《艺圃图》看，它突出于池上，临水的南端完全敞开，仅角部有两根檐柱。书案面水而设，宜于读书，更宜于看莲、赏景。在池的南部正对爱莲窝处有乳鱼亭，一榭一亭，南北照应。现在艺圃的旸谷书堂虽然也位于主厅博雅堂之东，但只相当于是夹在博雅堂和东莱草堂之间的一个小的过厅。而爱莲窝也移至池的东岸，且不是临水。二者都仅是沿用了原有建筑物的名称而已。

过旸谷书堂院落向东，是以东莱草堂为主体的一组建筑。东莱草堂是主人接待宾客的厅堂。姜埰祖籍山东莱阳，所以称草堂为"东莱"。过东莱草堂向北，然后东折，有一小院，主体建筑名为饳饦斋[1]，是姜埰的书房。"斋较堂，惟气藏而致敛，……。盖藏修密处之地，故式不宜敞显"[2]。饳饦斋偏在园的东北隅，正与此特点相合。

[1] 饳饦是一种面饼。姜埰用自己最爱吃的饳饦给书房起名，是要表达读书与饳饦均是生活必需之意。

[2] [明] 计成《园冶·卷一·屋宇·斋》。

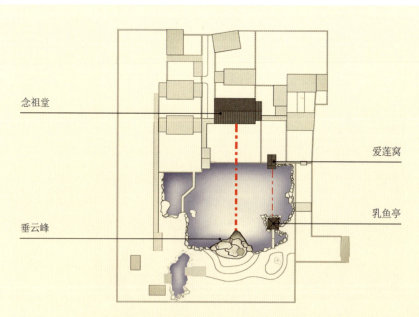

◆ 图6　念祖堂与垂云峰，爱莲窝与乳鱼亭的位置关系

◆ 图7　《艺圃图》中的艺圃入口区域

东莱草堂之南是延光阁，面阔三间、两层，是由位于宅园东南部的门屋入园后的第一座建筑。从门屋到延光阁的这片入口区域的东西两侧均有围墙，沿路种有数十棵梧桐[1]。东围墙以东为宅，西围墙以西即是园池。

念祖堂的西邻是六松轩和红鹅馆组成的一个小院，姜实节曾在这里读书。从名称判断红鹅馆应是池馆，临水，六松轩应在其北面。院内种松，从《艺圃图》上看还有高大的芭蕉；六松轩、红鹅馆小院以西是另一组主要的建筑敬亭山房。敬亭山房大致位于药圃时青瑶屿的位置，庭中的几株柳树就是药圃时留下来的[2]。所以敬亭山房与六松轩、红鹅馆这一组建筑很可能是在青瑶屿的基础上扩建增修而成的。

敬亭山房与念祖堂之间以廊庑相连通。根据《艺圃图》，敬亭山房同念祖堂一样前有庭院，临水。庭院的东南与一座三折的平板桥相通，可达池的南岸，此桥叫做度香桥。山房以西通往响月廊。

[1] [清] 汪琬《艺圃后记》："艺圃纵横凡若干步，甫入门，而径有桐数十本，桐尽得重屋三楹间，曰延光阁。稍进则曰东莱草堂，圃之主人延见宾客之所也。主人世居于莱，虽侨吴中而犹存其颜，示不忘也。逾堂而右，曰饣它斋。"

[2] 据 [清] 汪琬《文文肃公传》："琬尝访公故居，盖已易主矣。因抵其读书之所，所谓青瑶屿者，俯清沼，攀修柳，慨然久之。"

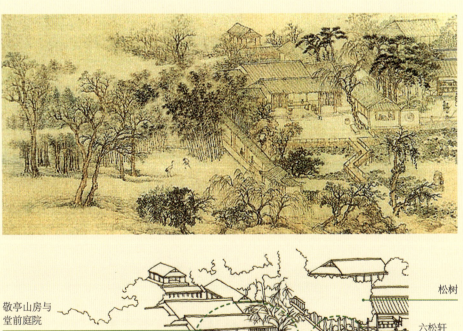

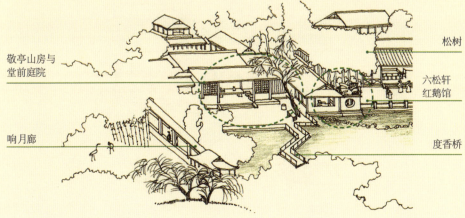

◆ 图8 《艺圃图》，敬亭山房，六松轩，红鹅馆，度香桥，响月廊

南北向的响月廊是池的西边界，廊与池之间有稍许距离，岸边种有竹、树，还立有一座高大的石峰。响月廊尽，为鹤柴和南村，鹤柴是饲鹤之所。园中养鹤是断不可少的，清风起时，鹤声自来。文震孟的药圃中养鹤，姜垛的艺圃中亦养鹤[1]。响月廊以西基本没有什么建筑物，这里到鹤柴、南村，即全园西南的这一片区域，以林木为主，有小的丘岗，地面起伏变化，竹林松柳、鹤鸣其间，营造的是山野之趣。

除此之外，念祖堂之北还有四时读书乐楼和香草居，是姜实节的读书处。这组建筑以西、敬亭山房之北另有一组建筑——改过轩与绣佛阁。姜垛时期的艺圃面貌大抵如此。

综观全园，建筑物主要分布于池北和池西，池南为山，池东为环池的小径与围墙。池的西部架板桥分划水面，池的东南部有亭伸出于水面上；园中植物丰茂，池中

[1] 文震孟在文柟有《药圃孤鹤》诗。[清] 王士禛《艺圃杂咏·鹤柴》："长身两君子，宛与孤松映。三叠素琴张，一声远山静。嘹唳月明时，风前杂清听。"姜垛自己诗中也提及鹤、《园居杂咏八首》之一："每忆从前鹤有二鹤逸去，常看傍晚霞。不须更招隐，地僻即山家。"

◆ 图9 《艺圃图》，四时读书乐楼、香草居、改过轩与绣佛阁

有莲、荷、浮萍,岸边有香蒲、莎草、菝葜,树有梧桐、柳、楸、松、枣、梅、杏、杜梨及竹,草本花木有芭蕉、兰草、蓼草、罂粟及紫藤、薯蓣等藤本。此外同文氏药圃一样设药栏种药草[1]。园中还饲养鱼和禽鸟,有鹅、鹤、鸳鸯、白鹭等。如汪琬所言,"…奇花珍卉,幽泉怪石,相与晻蔼乎几席之下;百岁之藤,千章之木,干霄架壑;林栖之鸟,水宿之禽,朝吟夕哢,相与错杂乎室庐之旁。……"[2]

清康熙十二年(1673年)姜埰卒。若干年后姜安节移家宣州,姜实节成为艺圃主人。艺圃依然保持着姜埰时期的格局,只增建了少量建筑,主要是谏草楼和思嗜轩。谏草楼位于敬亭山房以北、改过轩旁,安节与实节为收藏父亲遗稿增建。姜安节为纪念父亲还增筑了一座思嗜轩。姜埰爱吃枣,曾在山的西南角种了一些枣树,姜安节就在枣树的旁边建了这座小轩[3]。

[1]见[明]姜埰诗《园居杂咏八首》之一:"地僻柴门静,天寒树色迟。药栏添处处,岸柳插枝枝。"说明至姜埰时园中仍种药草。

[2][清]汪琬《姜氏艺圃记》。

[3]见[清]汪琬,《艺圃后记》:"山之西南,主人尝植枣数枝,翼之以轩,曰思嗜,伯子构之以思其亲者也。""今伯子与其弟又将除改过轩之侧筑重屋,以藏主人遗集,曰谏草楼,…"

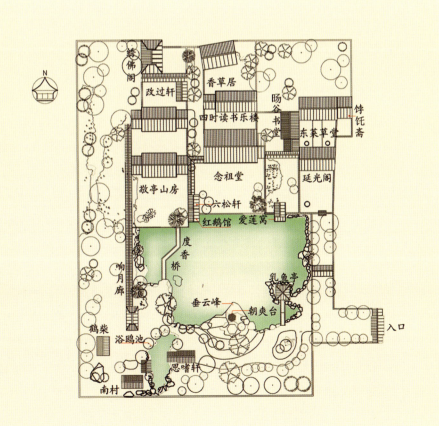

◆ 图10　姜氏艺圃总平面复原想象图

姜氏之后艺圃屡次易主。大概在康熙三十五年（1696年），艺圃为商人吴斌购得。念祖堂应该就是在吴斌作园主时改名为博雅堂的，并且改作延见宾客的主厅，此名一直沿用至现在。道光三年（1823年），艺圃又归吴氏同族吴传熊[1]所有。这一百余年间艺圃的兴废变化不得详知，但根据后来艺圃的状况可以推知姜氏艺圃时的不少建筑应是废毁于这个时期，而且园子的整体规模又再次缩小。期间艺圃曾有修葺，但具体内容不详。

道光十九年（1839年），因吴家迁走，丝绸商人胡寿康、张如松为创建丝绸同业会馆买下了艺圃，取《诗》中"跂彼织女，终日七襄"[2]句面之意，将会馆命名为"七襄公所"。

（4）七襄公所

七襄公所时期，艺圃得到了全面的修整，"乃疏池培山，堂轩楼馆、亭台略彴之属，悉复旧观。补植卉木，岭梅沼莲，华实蕃茂，来游者耳目疲乎应接，手足倦乎攀历，不异仲子当日矣。"[3]由此可知此时期的整修以恢复景观为主，同时还重建及新建了若干建筑，主要有水榭、南斋一组建筑及思嗜轩。

水榭是新建的，位置在博雅堂南、池岸边，即现在艺圃的"延光阁"。不过这与姜氏艺圃时的延光阁毫无关系，仅是同名而已。水榭增建后堂前不再有庭院，改变了自药圃到艺圃时期主厅前有庭、庭南临水的空间格局。没有了前庭，主厅被完全遮挡，其主体地位难以体现。在池的南岸无法看见主厅，它与池南石峰的对景关系也就不复存在。姜氏艺圃时敬亭山房也是南有庭院的格局，不知是否也在这一时期被改变。现在的艺圃，池北沿岸一线全为建筑。

除水榭之外，还新建了园西南的南斋一组建筑，包括南斋和香草居（姜氏艺圃时的香草居位于四时读书乐楼北）这一组对照厅及连接二者的鹤柴，三者围合为芹庐小院，右邻浴鸥小园；还新建了思嗜轩。姜氏艺圃时思嗜轩位于山的西南，新建时将其改在园的东南部、山的东北角，即现在的位置；度香桥的位置也从池的北岸（姜氏艺圃时位于敬亭山房的前庭）移至池的西南角。

在同济大学建筑工程系建筑研究室于1958年10月编著的《苏州旧住宅参考图录》中收录有艺圃的测绘图（包括总平面图和二层平面图）。这个时期的测绘成果应该主要记录的是七襄公所时期的艺圃的基本格局与建筑组成。《苏州古典园林》[4]

---

[1]吴斌，生于康熙二年、卒于乾隆九年（1663~1744年）；吴传熊，生于乾隆四十二年、卒于道光七年（1777~1827年）。

[2]出自《诗·小雅·大东》，大意是说织女星一日变换七次（原注 毛亨：跂，隅貌。马瑞辰：织女三星成三角，故言跂以状之耳。毛亨：襄，反也。）

[3][清]杨文荪《七襄公所记》（碑拓）。

[4]刘敦桢著，中国建筑工业出版社，1979年

一、艺圃的营建历史　◆ **013**

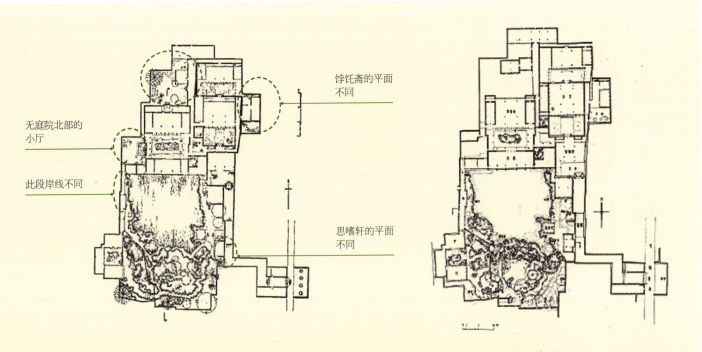

◆ 图11　艺圃总平面测绘图——左图：《苏州旧住宅参考图录》中的；右图：《苏州古典园林》中的

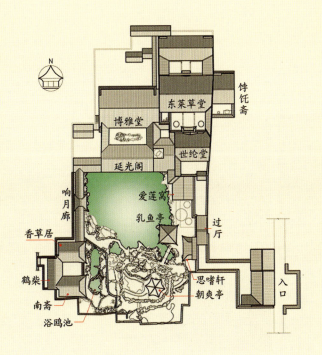

◆ 图12　七襄公所时期艺圃总平面复原想象图

中的艺圃测绘图（包括总平面图和全园东、西剖面图）实测时间在1956年，二者总平面基本相同，局部略有差异。

直至1958年，艺圃都作为七襄公所使用。此后，1958～1971年艺圃为苏州苏昆剧团驻地，1971～1982年为苏州民间工艺厂占用。这一时期至"文革"，艺圃损毁严重，建筑倾颓，池沼秽败。在1982年的苏州《市文物园林古建筑调查资料汇编》中，艺圃被评定为"半废"。

1982年1月～1984年10月苏州市政府拨款61万元修复艺圃，修复的依据主要包括汪琬的《艺圃后记》、《吴县志》和《苏州古典园林》中的艺圃测绘图[1]。

（5）艺圃

此次修复工程，修复的主要建筑有博雅堂、水榭和乳鱼亭。对博雅堂和水榭的梁架均做了落架清洗、整修，然后复位；对于乳鱼亭，在原位进行了梁架的整修并替换了损坏构件，依照木构件表面残留的彩画痕迹重新描绘了彩画。

重建的建筑包括对照厅（即香草居、南斋、鹤柴一组建筑）、响月廊与半亭、博雅堂西之小屋、饩饫斋小院（参照20世纪50年代的测绘图可知重建后的饩饫斋与原来不同）、思嗜轩等。增建了博雅堂以北的办公及辅助用房。

[1] 参见"苏州明代园林——'艺圃'修复工程介绍"，陆宏仁，《古建园林技术》1988/03。

◆ 图13　乳鱼亭

◆ 图14　响月廊

现在的响月廊的位置与姜氏艺圃时期肯定是不同的，应该是向东移动了不少距离。因为现在池的面积相比于姜氏艺圃时缩减了一半以上。池的北岸为建筑的基台、南岸为山，应该是基本没有变动的，即使有也不大。而且原来池北的主厅念祖堂和池南的石峰为对景关系，其观赏距离有一定的范围限制。根据现状测量数据，池的南北长度约为25米，从博雅堂南廊至池的南岸距离为38米，而石峰最高处为6米。池的南北长度若再大就不宜于观赏石峰了，故据此推想当年应当也大致是这样的距离。所以只能是池的东、西两岸向内收进了。池岸的这一变动很有可能是在姜氏之后、七襄公所时期之前这段时间内发生的。

计成在《园冶·卷一·屋宇·廊》中说廊"宜曲宜长则胜"。而响月廊则是直而短，廊的西壁是粉墙竹绘，廊的东槛外是清池莲荷、峰石青松、秋叶春花，故虽是长不足20米的直廊，却也步步是宜人图画。

◆ 图15　度香桥

池南的山顶在姜氏艺圃时建有朝爽台，七襄公所时期曾在山顶搭建了一个铁皮屋顶的六角亭，此次修复工程拆除铁皮亭改建为一座木构的六角亭，命名为朝爽亭；原池南山上的石峰基本被破坏，仅存数块黄石及湖石，修复时依照保留下来的土山基础重新叠石，并且全用湖石，不再用黄石。山的临池一面叠石成直壁，并堆筑登山石径及石洞；驳岸依原位置重新砌筑，也均用湖石。清理了水池。池的溢水口设在西南角，暗埋管道从浴鸥小园的地下穿过，连接园外的排水管。并在池底埋缸种莲；重建了度香桥，位置在池的西南角。桥面微拱，由六块石板两两相并组成。

经过这次修复，形成了艺圃的现状面貌，即总体格局基本沿用了七襄公所时期的，在建筑物的组成内容上则是选取了艺圃和药圃时期的一些主要建筑。总占地面积约近六亩，以池为主体，池位于全园的中南部，面积将近一亩。主要建筑是由博雅堂和水榭（现名延光阁）构成的一组建筑，其东为旸谷书堂和爱莲窝（二者都不在姜氏艺圃时期的位置），再东为东莱草堂和世纶堂（用了药圃世纶堂之名）一组建筑，东莱草堂东邻为馎饦斋小院，东莱草堂北还有一进院落，现状并未命名，可能是思敬居（姜氏艺圃时的思敬居在敬亭山房以北，即现状博雅堂的西北）[1]；池的西岸为响月廊，廊南端通向浴鸥小园及香草居、南斋一组建筑。

姜氏艺圃时期的多处建筑都已不存，包括四时读书乐楼、敬亭山房、红鹅馆、六松轩、改过轩、绣佛阁、谏草楼。现状艺圃的有些建筑与艺圃及药圃时期的建筑仅是名称相同，主要有延光阁、香草居、爱莲窝、旸谷书堂，前文已分别说明，不再赘

[1] 在1982年的维修工程完成后所立的《艺圃重修记》碑中提到修复的建筑有思敬居，但现在艺圃中未有建筑标识为思敬居，而东莱草堂北的这组建筑没有标识，故推测其为思敬居。

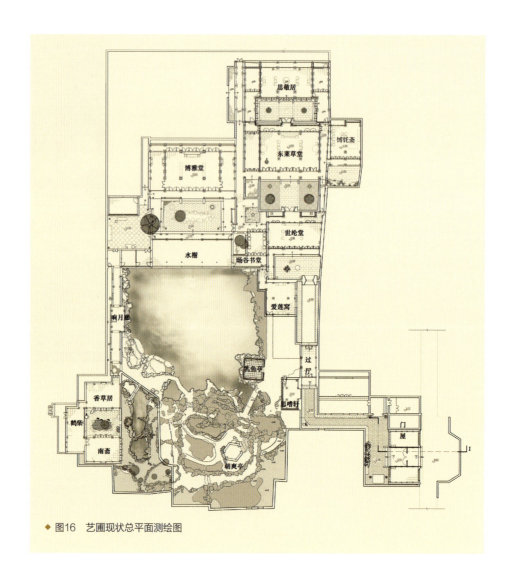

◆ 图16 艺圃现状总平面测绘图

述。姜氏艺圃时期留存至今的建筑应只有博雅堂（前身为念祖堂）和乳鱼亭，它们的建造时间均在清初（顺治年间至康熙初年），但营造做法仍是明代特征。

艺圃于1963年列为苏州市文物保护单位，1995年列为第四批江苏省级文物保护单位。2000年11月，艺圃作为"苏州古典园林"的增补项目列入《世界遗产名录》。

现在的艺圃，"水木明瑟，庭宇清旷。"

艺圃的历史沿革

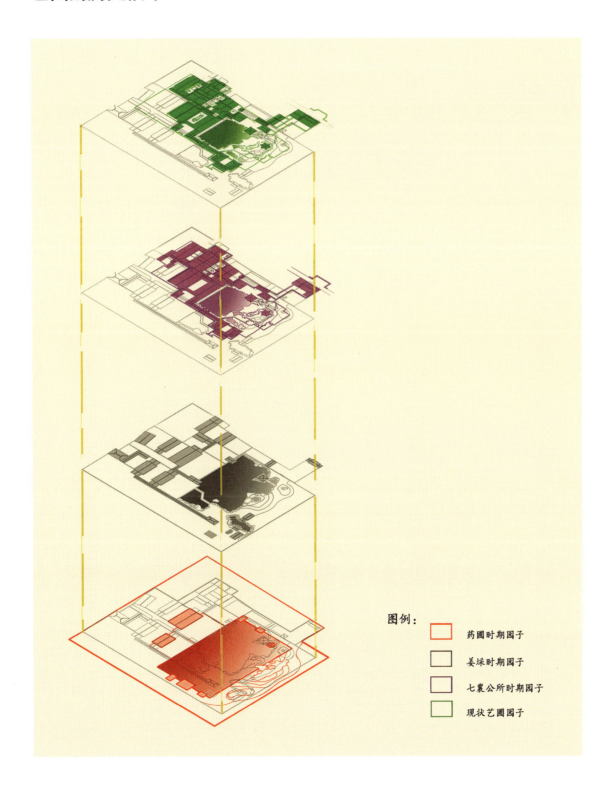

2. 艺圃附表

表1　艺圃营建年表

时间	园主	园名	营建内容	说明	相关文献
明 嘉靖三十八年至万历十八年（1559~1590年）	袁祖庚（1519~1590年）	醉颖堂	创建。 具体营建内容不详。仅从文献知"有池台花竹之胜"		·[清]归庄《跋姜给谏匾额后》
明 万历末年~崇祯九年（约1620~1636年）	文震孟（1574~1636年）	药圃	·将"醉颖堂"易名为"药圃"。营建了世纶堂、生云墅、青瑶屿、猛省斋、石经堂、凝远斋、岩扉等多处建筑。 ·世纶堂前为广庭，庭前为大池。池南垒石为五师峰，高二丈；池中有六角亭，名浴碧亭。世纶堂西为青瑶屿，庭中植有五株大柳树，径数围	·文震孟得醉颖堂之具体时间不详，仅知在万历末年。 ·根据文献推断，醉颖堂时期留存下来的内容很少，园子的基本格局应是在药圃时期奠定的。 ·药圃时的世纶堂是园中最重要的厅堂。位置应在现状艺圃的博雅堂处，与现在的世纶堂不是同一建筑。文氏之后世纶堂废为马厩，姜埰时期整修恢复，名为念祖堂，用作祭祖。即现在艺圃博雅堂的前身。 ·世纶堂前有广庭，庭前为方池，面积约为五亩，现在艺圃的池面积约0.9亩，远远小于文氏时期。 ·按青瑶屿在世纶堂之右，应在现在的博雅堂的西侧。其他建筑的具体位置已不可考	·[清]文含《文氏族谱续集·历世第宅坊表志》 ·[清]归庄《跋姜给谏匾额后》； ·[清]黄宗羲《念祖堂记》
清 顺治十六年至康熙十二年（1659~1673年）	姜埰（1606~1673年）	颐圃 敬亭山房 艺圃	·易名为"颐圃"，又名"敬亭山房"。姜埰晚年时，次子姜实节又易名为"艺圃"。 ·药圃时保留下来的建筑，明确见于记载的，有池东西两侧的建筑，但名称不详。可能还有青瑶屿。所以念祖堂西的敬亭山房一组建筑很有可能是在青瑶屿的基础上整理、扩建的。 ·姜埰为园主的时期是艺圃的最盛期，艺圃的格局（宅与园，池，山）与主要建筑均是在这时营建完善的。当时的主要建筑包括堂、轩各三（念祖堂+东莱草堂+旸谷书堂，六松轩+改过轩+后建之思嗜轩），楼、阁各二（四时读书乐楼+后建之谏草楼，延光阁+绣佛阁），以及斋（饴饦）、窝（爱莲）、居（香草）、廊（响月）、山房（敬亭）、池馆（红鹅）、村柴（南村、鹤柴）、亭（乳鱼）、桥（度香）。 ·园中植物丰茂，禽鸟众多。植物之具体情况见于汪琬《艺圃后记》及其他咏艺圃之诗作，如入口至延光阁的道路两侧有数十株梧桐；池中有莲、荷、浮萍，岸边有香蒲、莎草、莪蒿；还知有梧桐、柳、楸、松、枣、梅、杏、杜梨及竹，草本花木有芭蕉、兰草、蓼草、罂粟及紫藤、薯蓣等藤本。园中还饲养鱼和鹅、鹤、鸳鸯、白鹭等禽鸟	·据汪琬《艺圃后记》，当时的主要建筑有：延光阁，东莱草堂，饴饦斋，念祖堂，旸谷书堂，爱莲窝，四时读书乐楼，香草居，敬亭山房，红鹅馆，六松轩，改过轩，绣佛阁，响月廊，度香桥，南村，鹤柴；山上有朝爽台，有数十座石峰，其中最大的是垂云峰，隔池正对池北的念祖堂。 ·池的形状近方形，面积约二亩。池东南有亭突出于池面上，即乳鱼亭，亭北向直对池北的爱莲窝。池的西南角辟出一区小池，名浴鸥池。 ·汪琬所记建筑大部分现已不存，艺圃在姜氏后多次易主，屡有兴废，且规模日渐缩小，故现在已无法确定这些建筑的具体位置，只能大致确定其方位或相互关系。 这些建筑包括四时读书乐楼（现状博雅堂之北）、敬亭山房（现状博雅堂之西邻）、红鹅馆（为池馆，在敬亭山房南，池之北岸）、六松轩（紧邻红鹅馆，在其北）、改过轩（敬亭山房北，应位于现状园子北部的花圃内）、绣佛阁（改过轩北）。 ·有些建筑与艺圃现有建筑仅是名称相同。主要包括：延光阁（原在东莱草堂南，即现在世纶堂的位置，现为水榭，在博雅堂南、池的北岸）、香草居（原在四时读书乐楼北，即现状博雅堂之北的位置。现位于池的西南、浴鸥小院内）、爱莲窝（现位于池东。原在念祖堂东侧，一墙之隔，南端突出于池上，正对乳鱼亭）、旸谷书堂（原在念祖堂东侧，一墙之隔，南为爱莲窝，现位于水榭东邻，原有规模也应大于现在）	·[明]姜埰《颐圃记》 ·[明]姜埰《疏柳亭记》 ·[清]汪琬《艺圃后记》，《姜氏艺圃记》，《文文肃公传》 ·[清]王石谷《艺圃图》 ·[清]归庄《跋姜给谏匾额后》 ·[清]黄宗羲《念祖堂记》

续表

时间	园主	园名	营建内容	说明	相关文献
康熙十二年至约康熙三十五年（1637~1696年）	姜垛次子姜实节	艺圃	·维持姜垛时期园子的格局，只是增建了少量建筑。主要有： ·思嗜轩，位于假山西南角。是姜垛去世后长子姜安节为纪念父亲增筑的。 ·谏草楼，位于敬亭山房以北，姜垛长子姜安节与次子实节为收藏父亲遗留的文稿增建的	·现状的思嗜轩位于山的东北角，入口朝北，直对爱莲窝，已不是姜安节初建时的位置； ·据汪琬《艺圃后记》载，谏草楼建在改过轩旁，改过轩位于园的西北部，在现状艺圃的博雅堂的西北，具体位置已不可知。在汪琬作记时此楼刚开始修建	·[清]汪琬《艺圃后记》
清康熙三十五年至道光十九年（1696~1839年）	吴斌吴传熊	艺圃	姜氏之后艺圃屡次易主。 清康熙三十五年苏州商人吴斌购得艺圃。 道光三年（1823年）园归吴氏同族吴传熊所有。艺圃被重新修葺	·艺圃在吴氏为园主时得到整修，但具体内容不详。园之格局及主体建筑应无变化。 ·姜垛时期之念祖堂应是在吴斌作园主时改名为博雅堂的，此名沿用至现在	·清道光《皋庑吴氏家乘》
清道光十九年（1893年）至1958年	为丝绸同业会馆所有	七襄公所	·因吴氏迁徙他乡，商人胡寿康、张如松购买艺圃创建丝绸同业会馆，改名为"七襄公所"。 ·七襄公所时期对艺圃进行了全面整修。据杨文荪《七襄公所记》："乃疏池培山，堂轩楼馆、亭台略约之属，悉复旧观。补植卉木，岭梅沼莲，华实蕃茂，来游者耳目疲乎应接，手足倦乎攀历，不异仲子当日矣。"	·当时的艺圃较姜氏时期的艺圃规模缩小，但仍大于现状艺圃之规模； ·七襄公所时期在博雅堂南、临水增建了一水榭，即现在的延光阁。与姜垛时期的延光阁不是同一建筑。延光阁是现存苏州古典园林中体量最大的水榭。 新建了位于园西南的南斋一组建筑，由南斋和香草居这一处对照厅及连接二者的鹤柴组成。 思嗜轩，本是姜安节时增建，位于山的西南，新建时将其位置改在乳鱼亭东南，入口朝北。 ·1956年曾予修葺，但具体内容不详	·[清]杨文荪《七襄公所记》
1958~1971年	为苏州苏昆剧团驻地	苏州苏昆剧团		·1963年列为苏州市文物保护单位。 ·此时期至"文革"，艺圃损毁严重，建筑倾颓，池沼秽败。在1982年的苏州《市文物园林古建筑调查资料汇编》中，艺圃被评定为"半废"	
1971~1982年	为苏州民间工艺厂占用	苏州民间工艺厂			
1982年1月~1984年10月		艺圃	苏州市政府拨款61万元修复艺圃，苏州市园林管理局成立筹建组。当时园内山池还保持有原有格局，按照历史资料进行了修复。历时二年，1984年10月花园部分修复竣工，正式开放。 全园面积5亩余	·此次修复工程重建及新建了若干建筑，现状艺圃的格局与整体面貌即是在这次整修中形成的。 ·新建的建筑有： 爱莲窝，原在念祖堂东侧，突出于池上，与乳鱼亭隔池相对。现位于池东。 朝爽亭，原山顶平坦处建有朝爽台。七襄公所时期在山顶搭建了一个铁皮亭。在此次修复工程中新建为木构六角亭。 ·池：池的面积逐渐减小，现状为0.9亩。 ·此修复工程由苏州园林设计所设计、苏州古典园林建筑公司施工。获得江苏省建委的"1986年省优秀设计奖"及建设部"1986年度城乡建设优秀设计优质工程三等奖"	·"苏州明代园林——'艺圃'修复工程介绍"，《古建园林技术》1988/3 ·《艺圃重修记》

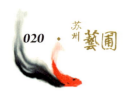

续表

时间	园主	园名	营建内容	说明	相关文献
2000年7月~2001年4月		艺圃	艺圃住宅部分开始整修，动迁居民19户，面积1137平方米，工程造价203.6万元。至此，艺圃的园、宅部分整合为一。此次整修还将艺圃的入口恢复到原来位置，即从整个宅园的东南角进入，大门开在文衙弄街上（现为文衙弄5号）。曾经使用过的西南入口（即从鹤柴西出的入口）作为内部入口	·1995年，艺圃列为第四批江苏省级文物保护单位。 ·2000年11月，艺圃作为"苏州古典园林"的增补项目列入《世界遗产名录》	
2006年		艺圃		列为第六批全国重点文物保护单位（类别：古建筑；时代：明）	

表2　艺圃主要历史文献辑录表

序号	文献	作者与出处	内容	备注
1	《文氏族谱续集·历世第宅坊表志》	[清]文含	"药圃中有生云墅、世纶堂。堂前广庭，庭前大池五亩许。池南垒石为五老峰，高二丈。池中有六角亭，名浴碧。堂之右为青瑶屿，庭植五柳，大可数围。尚有猛省斋、石经堂、凝远斋、岩扉。"	
2	《疏柳亭记》	[明]姜埰《敬亭集》	"东西数椽临水，若齿，若都稚，若仓府，若鸟之翼，若丛草孤屿之舟。相国意本萧疏，兵燹之后，即世纶堂、石经阁皆荡然，惟古柳四五株，则数十年物。余作草堂三楹，颜之曰'疏柳'，志旧也；其堂曰'东莱草堂'，颜其房曰'敬亭山房'。"	
3	《颐圃记》	[明]姜埰《敬亭集》	"颐圃者，宪副袁公之故宅也，其地为姑苏城之西北偏，去阊门不数百武＊，阛阓之冲折而入杳冥之墟，地广十亩，屋宇绝少，荒烟废沼，疏柳杂木，不大可观。故吴中士大夫往往不乐居此，惟贩夫庸卒，编草为室，骤其道以达于门，居之宜。不知宪副何取而有之？其后再归相国文公。……则更署之曰'颐圃'。在《易》之'颐'曰：'贞吉，自求口实'。夫求诸己而不求于人，庶几两先生之无所求而为之者欤？"	＊武，半步为武。折合三尺
4	《敬亭山房记》	[清]魏禧《魏叔子文集·外编卷之十六》	"登州姜如农先生有别业在吴门，曰敬亭山房。……山房故美林水，前此为文肃公药圃，又前此为副使袁公祖庚之醉颖堂。……"	
5	《敬亭山房记》	[清]归庄《归庄集·卷六》	"莱阳姜如农先生之寓吴门，名其居曰敬亭山房，其仲子实节属予为之记。……山房盖相国文文肃公之故宅云。"	此记作于清康熙十一年（1672年）
6	《跋姜给谏匾额后》	[清]归庄《归庄集·卷四》	"给谏莱阳姜如农先生，流寓吴中，所居乃故文文肃公之药圃。……圃之名始于万历末年，公未第之时，至今五十年有余矣，而药圃之先为袁宪副绳公之居。宪副中嘉靖辛丑进士，强仕之年，即弃官归，以其居有池台花竹之胜，颜其楣曰城市山林。与袁安节公抑之、陈方伯子兼、冯抚州信伯辈，觞咏其中，自辛丑至今，盖百有三十余年矣。今先生之流寓吴中，虽陵谷变迁，而此地之池台花竹，犹夫昔也。……"	此文应作于清康熙十一年（1672年）。按此文袁祖庚醉颖堂时期是由此前推130余年，此有误。袁于明嘉靖辛丑年，即1541年（131年前）中进士，18年后袁免官回乡，始创建醉颖堂

续表

序号	文献	作者与出处	内容	备注
7	《姜氏艺圃记》	[清]汪琬《尧峰文钞·卷二十三》	"艺圃者，前给事中莱阳姜贞毅先生之侨寓也。吾吴郡治西北隅，固商贾阛阓之区，尘嚣湫隘，居者苦之，而兹圃介其间，特以胜著。圃之中，为堂为轩者各三，为楼为阁者各二，为斋为窝为居为廊为山房为池馆、村柴、亭台、略彴之属者，又各居其一。……盖兹圃得名也久矣，圃之主人亦屡易。其始则有袁副使绳之，以高蹈闻于前；其次则有文文肃公父子，以刚方义烈著于后。今贞毅先生，复用先朝名谏官优游卒岁乎此，而其两子则以读书好士、风流尔雅者绍其绪而广大之。马蹄车辙，日夜到门，高贤胜境，交相为重，……。"	记载艺圃格局与建筑组成最为详尽的文献即为汪琬这前后两篇艺圃记。二记均作于姜垓卒后，因文中称姜垓为贞毅先生，贞毅乃姜之门人追谥之号。且文中述及思嗜轩、谏草楼，两建筑均是姜去世后其子所建
8	《艺圃后记》	[清]汪琬《同治苏州府志·卷四十五》《民国吴县志·卷三十九上·舆地考·第宅园林》	"艺圃纵横凡若干步，甫入门，而径有桐数十本，桐尽得重屋三楹间，曰延光阁。稍进则曰东莱草堂，圃之主人延见宾客之所也。主人世居于莱，虽侨吴中而犹存其颜，示不忘也。逾堂而右，曰饽饦斋。折而左，方池二亩许，莲荷蒲柳之属甚茂。面池为屋五楹间，曰念祖堂，主人岁时伏腊祭祀燕享之所也。堂之前为广庭，左穴垣而入，曰旸谷书堂，曰爱莲窝，主人伯子讲学之所也。堂之后，曰四时读书乐楼，曰香草居，则仲子之故塾也。由堂庋迤而右，曰敬亭山房，主人盖尝以谏官言事谪戍宣城，虽未行，及其老而追怨君恩，故取宣之山以志也。馆曰红鹅，轩曰六松，又皆仲子读书行我之所也。轩曰过，阁曰绣佛，则在山房之北。廊曰响月，则又在其西。横三折板于池上，为略彴以行，曰度香桥。桥之南，则南村、鹤柴皆聚焉。中间垒土为山，登其巅稍夷，曰朝爽台。山麓水涯，群峰十数，最高与念祖堂相向者，曰垂云峰。有亭直爱莲窝者，曰乳鱼亭。山之西南，主人尝植枣数枝，翼之以轩，曰思嗜，伯子构之以思其亲者也。今伯子与其弟又将除改过轩之侧筑重屋，以藏主人遗集，曰谏草楼，方鸠工而未落也。圃之大凡如此。……"	
9	《百城烟水·卷二·吴县·思嗜轩》	[清]徐崧、张大纯纂辑	"思嗜轩，在宝林寺东。万历间为袁宪副醉颖堂，崇祯间为文文肃药圃，垂杨修竹，方塘崇阜，为阊门内胜地。今为莱阳姜给谏侨寓，更名敬亭山房。圃中有枣树数株，先生长子安节筑思嗜轩，远近赋诗赠之。安节后亦移家宣州。"	
10	《念祖堂记》	[清]黄宗羲《南雷文案·卷二》	"念祖堂者，卿墅先生之居也。先生家莱阳，侨寓吴门，不忘其本，故名堂以识之。……斯堂也，为文文肃歌哭之所。文肃之后，废为马厩。马厩之后，辟自先生。……余昔谒文肃，两至其地，曲池怪石，低徊欣赏，不知其可悲如是也。"	
11	《艺圃图》[清]王翚（石谷）		姜实节请王石谷为其父姜垓所作，应是对当时艺圃的真实记录	
12	《七襄公所记》（碑拓）	[清]杨文荪	"七襄公所者，前明姜贞毅先生寓居遗址也，在吴郡治西北宝林寺之东。其先为袁副使祖庚宇，继归文文肃公，名曰药圃。贞毅先生得之，更名敬亭山房。仲子实节乃辟为艺圃，见于名人题咏。迄今一百七十余年，易主者屡矣。道光癸未、甲申间，郡中吴氏始葺而新之。……迨己亥，吴氏将他徙，于是胡君寿康、张君如松拟创建会馆，率先各垫五百金；吴中绸缎同业者，咸量力片各垫多金，购营公所，名曰七襄，以为同业议事公局。……局既定，乃疏池培山，堂轩楼馆、亭台略彴之属，悉复旧观。补植卉木，岭梅沼莲，华实蕃茂，来游者耳目疲于应接，手足倦乎攀历，不异仲子当日矣。……粮储观察望江倪公，闻而善之，属文荪为之记。文荪尝读汪尧峰艺圃前后二《记》、归元恭匾额跋、顾云美合刻诗文记，悉其颠末。今喜兹园之得所主也，故乐为书之。"	苏州博物馆藏碑

续表

序号	文献	作者与出处	内容	备注
13	《民国吴县志·卷三十九上·舆地考·第宅园林》	曹允源、李根源纂	"文文肃公震孟宅在宝林寺东,即袁宪副绳之醉颖堂也。中有世纶堂。圃曰药圃。又有青瑶屿,公读书处也。后为莱阳姜贞毅先生埰寓居,更名敬亭山房。魏禧有记。圃中有枣树数株,贞毅长子安节筑室,曰思嗜轩。仲子实节辟为艺圃。汪琬有记。又为屋五楹,曰念祖堂。为岁祀燕享之所。今为绸业公所。"	
14			"谏草楼,处士姜实节为其父贞毅先生埰之影堂。楼东有思敬居、改过轩、山箱阁,为实节读书处。"	

表3 艺圃历代园主及相关人物简表

时间	人 物	生 平	与艺圃之关系/与艺圃相关之活动	备注
明	袁祖庚 字绳之。生于明正德十四年,卒于万历十八年(1519~1590年)。 苏州府长洲县(今苏州市)人	明嘉靖二十年辛丑年(1541年)进士	创建人 嘉靖三十八年(1559年),袁祖庚罢职还乡,在阊门内建宅园,名为"醉颖堂"。题其门楣曰"城市山林"。 园内"有池台花竹"。 醉颖堂传至袁祖庚子孝思,逐渐凋败	·《文渊阁四库全书·史部·地理类·浙江通志·卷一百十八》及《江南通志·卷一百二十八》有记
明	文震孟 字文起,号湛持。生于明万历二年,卒于崇祯九年(1574~1636年)。 苏州府吴县(今苏州市)人	明天启二年(1622年)状元。崇祯时授礼部侍郎、东阁大学士。福王时追谥文肃。 《明史》有传。 著有《药园文集》、《药圃诗稿》、《荆驼逸史》、《壁史》、《姑苏名贤小记》等	第二任园主 明万历末年,文震孟得袁祖庚的"醉颖堂",易名为"药圃"。在园中作文、作画,栽种药草。构筑世纶堂、青瑶屿、猛省斋、石经堂、凝远斋等建筑	·其传见《明史·卷二百五十一·列传第一百三十九》
明末清初	姜埰 字如农。生于明万历三十四年,卒于清康熙十二年(1606~1673年)。门人谥其为贞毅。 山东登州莱阳县(今山东莱阳市)人。	明崇祯十四年(1641年)进士,十五年升任礼部给事中。上疏言事获罪,十七年遣戍宣州卫(今安徽宣城市)。明亡后居苏州,号敬亭山人。 《明史》有传。 著有《敬亭集》	第三任园主 明亡后寓居苏州,清顺治十六年(1659年)购得文氏药圃。 将药圃易名为颐圃,又名敬亭山房。姜埰晚年时又易名为艺圃。 今日所见艺圃的池、山、建筑之格局即是在姜埰为园主时奠定的	·其传见《明史·卷二百五十八·列传第一百四十六》
清	姜实节 姜埰次子。字学在,号鹤涧。生于清顺治三年,卒于康熙四十八年(1646~1709年)。	终身不赴科举。专以诗文书画为事。山水画尤为时人所重。 著有《艺圃诗刻》	第四任园主 维持其父姜埰时期园子的格局,增建了少量建筑	·其事见《百城烟水》,《民国吴县志》等
清	姜安节 姜埰长子。生卒年不详	同其弟实节均不赴科举。专事诗文,以布衣终老。 后姜安节移家至宣州		

续表

时间	人物	生平	与艺圃之关系/与艺圃相关之活动	备注
明末清初	魏禧 字凝叔,号叔子。生于明天启三年,卒于清康熙十九年(1623~1680年)。江西宁都州(今江西宁都县)人	入清后不仕,专事诗文。古文与侯方域、汪琬并称"国初三家"。著有《魏叔子集》	姜埰次子姜实节曾请魏禧和归庄为其父的敬亭山房作记。二人各作一篇《敬亭山房记》。时间在康熙十一年(1672年)。第二年,即康熙十二年,姜埰、归庄皆卒	
明末清初	归庄 字玄恭,号恒轩。生于明万历四十年,卒于清康熙十二年(1612~1673年)。苏州府昆山县(今苏州市)人	入清后改名为祚明。顺治二年(1645年)曾在昆山起兵抗清。工诗文且善画。为顾炎武好友,时称"归奇顾怪"。著有《归玄恭文钞》、《归玄恭遗集》		
明末清初	汪琬 字苕文,号钝翁,晚年号尧峰。生于明天启三年,卒于清康熙三十年(1623~1691年)。苏州府长洲县(今苏州市)人	清顺治年间进士,官至户部主事、刑部郎中。古文与侯方域、魏禧并称"国初三家"。著有《尧峰文钞》、《钝翁文集》等	汪琬为姜家常客,屡游艺圃,有多首吟咏园中景物的诗作,《艺圃十咏》(分别咏南村、红鹅馆、香草居、六松轩、绣佛阁、浴鸥池、度香桥、响月廊、垂云峰和乳鱼亭)、《思嗜轩诗并序》、《再题姜氏艺圃》、《艺圃竹枝歌四首》、《艺圃小游仙六首》和《姜子学在所居即文文肃公药圃也,感赋二首》等等。收录在《尧峰文钞》中。还作有《姜氏艺圃记》和《艺圃后记》,详述园之格局与园中建筑	其传见《民国吴县志·卷六十八·列传六》
明末清初	黄宗羲 字太冲,号梨洲。生于明万历三十七年,卒于清康熙三十一年(1609~1692年)。浙江绍兴府余姚县(今浙江余姚市)人。	著名学者。著有《明儒学案》、《明夷待访录》、《南雷文案》等	曾应友人转托,为念祖堂作记,即《念祖堂记》,收在《南雷文案》中	
明末清初	王翚 字石谷,号耕烟散人、乌目山人等。生于明崇祯五年,卒于清康熙五十六年(1632~1717年)。苏州府常熟县(今江苏常熟市)人	清初年的重要山水画家,有"清初画圣"之称。与王鉴、王时敏、王原祁、吴历、恽寿平合称"清六家"	姜埰晚年时其子姜实节请王翚为父亲作《艺圃图》。笔法精细,设色淡雅。图上并有沈德潜等十一位当世的文化名人所作的跋	
清	杨文荪 字秀实。生于清乾隆四十六年,卒于咸丰三年(1781~1853年)。浙江杭州府海宁县(今浙江海宁市)人	藏书家。有私家藏书楼稽瑞楼。著有《南北朝金石文字考》、《南宋经石考》等	清道光时艺圃易主,为当时苏州丝绸同业会馆购得作办公、议事及活动之所。为此杨文荪受托作《七襄公所记》	

表4　艺圃1982年修复工程信息表

序号	修复/新建对象	概况	修复/新建措施与内容	备注
1	博雅堂	面阔五间，进深九架梁，五柱前卷式；扁作大梁，梁皆为月梁，"梁垫、插木、山雾云雕刻玲珑剔透。插木外形四周带圆形，雕刻工整，为明代常见做法。"柱身略有卷杀。柱的长细比正步柱为11.4:1，正前廊柱为13:1；柱础为木鼓下为青石覆盆；台明用青石阶沿；前廊柱顶做假斗；保留有满天星心仔窗；室内地面为方砖墁地	修复 ·梁架落架清洗、整修后复位，继续使用； ·次间与边间做板门相通； ·明间、次间均做长窗，边间做短窗、木栏杆。心仔均为满天星式； ·前廊柱间做木栏，枋下做挂落； ·油饰做法：枋以下柱均做推光黑漆。其余木构件，包括窗、栏杆、挂落、梁、枋等均做广漆荸荠色。屏门做白色调和漆； ·按照原铺地方砖尺寸新做地面，沿用原来的砖细墙裙、石阶沿； ·屋脊分三段，明间及两次间做滚筒三线闭口哺鸡脊式，两边间做闭口哺鸡脊式（样式参照艺圃东区住宅部分现存屋脊），脊高低于中间段	所修复的博雅堂应是建于清初的姜氏艺圃时期的念祖堂。虽建造时间在清，但在做法上仍属明代
2	水榭 （现名延光阁）	面阔五间，进深七架梁；圆作大梁；北部柱础落在实土上，南部立在架于池上的石梁上；回顶，黄瓜环脊式；保留有和合窗（南檐）、冰裂纹半窗（北檐）、卡条心仔半窗（西厢）	修复 ·梁架落架整修后复位，继续使用； ·北廊檐柱间做挂落，南檐临池，做和合窗； ·地面新做方砖铺地，沿用原石阶沿； ·屋脊（包括两侧配房）均做黄瓜环脊式	1975年水榭西边跨石梁折断，致屋倾。1981年两开间塌落池中
3	乳鱼亭	正方形平面；建于池岸凸出于池上的部分，而不是建在池中；临池一面面阔一间，仅有角柱；其余三面面阔三间，共用10柱；搭角梁为月梁，梁上置斗，承角梁，角梁尾置坐斗承天花；木构表面均有彩绘；亭顶为葫芦形	修复 ·梁架在原位进行整修，替换损坏构件； ·老戗、嫩戗按原尺寸新做； ·依木构表面残留彩绘痕迹重新描绘； ·整理原有石阶沿； ·亭顶做砖细葫芦形	乳鱼亭应同博雅堂一样是建于清初的姜氏艺圃时期。虽初建时间在清，但在做法上仍属明代。现在所见很多资料说乳鱼亭为明代遗构是不准确的
4	对照厅	包括南斋、香草居、鹤柴	重建	
5	响月廊与半亭		重建	
6	朝爽亭		新建	
7	博雅堂西之小屋		新建	
8	饽饦斋		重建	参照20世纪50年代的艺圃测绘图可知重建后的饽饦斋与原来不同，原为东西向，重建后为南北向
9	各处建筑之木构件	木构件油饰 （具体包括半窗、长窗、和合窗、栏杆、挂落、柱、梁、枋等）	内、外面均做广漆荸荠色	
10	度香桥	塌落池中，原位于池的西南角；桥面微微拱起	重建（池的西南角）	

续表

序号	修复/新建对象	概况	修复/新建措施与内容	备注
11	山	原土山上的石峰基本被破坏，仅存数块黄石及湖石，但基础位置、水池驳岸形状保留	修复，重新叠石 ·在原有土山基础上叠石立峰，将原来剩余的黄石剔除，改为全用湖石堆叠； ·临池一面叠成直壁，做登山石径，石洞	
12	池与驳岸	驳岸形状保留	清理水池，重砌驳岸 ·池的溢水口设在西南角，暗埋管道从浴鸥小园区域下穿过，连接园外的排水管； ·池底淤泥中埋缸，种莲； ·驳岸亦全用湖石砌筑	施工中曾在池底打井眼近10米深，未找到水源
13	院落地面	保留有花街、石块铺地等	重新铺设	
14	办公及辅助用房	位于博雅堂以北	增建 原堂北就有通长高墙将堂与堂北的辅助房屋部分分隔开，现依此恢复，将苗圃、办公用房、公共卫生间等集中在此区域	

表5 艺圃各时期建筑信息表

序号	组成内容	建造时间	概况	位置	沿用状况	现状	记载文献
药圃							
1	世纶堂	明万历末年（1620年前）	全园的主体建筑； 堂前有广庭，庭南临于池上。池南正对五老峰	池北居中	至艺圃时已毁	无存	·《文氏族谱续集·历世第宅坊表志》 ·《疏柳亭记》 ·《文文肃公传》 ·《跋姜给谏匾额后》
2	青瑶屿		园主文震孟的读书处。庭中种有五柳，径数围	世纶堂西邻	艺圃时尚存	无存	
3	生云墅		不详	不详	不详	无存	
4	猛省斋		不详	不详	不详	无存	
5	石经堂		不详	不详	至艺圃时已毁	无存	
6	凝远斋		不详	不详	不详	无存	
7	岩扉		不详	不详	不详	无存	
8	浴碧亭		六角亭	池中。可能位于池的东南部	不详	无存	
9	五老峰		池南土山上垒石峰数十，其中主峰为五老峰，高二丈	池南山上，隔池正对池北的世纶堂	不详	无存	
10	池		面积约5亩	园中部	沿用	尚存。但面积缩小	

续表

序号	组成内容	建造时间	概况	位置	沿用状况	现状	记载文献
艺圃							
1	念祖堂	清顺治十六年至康熙三十五年（1659~1696年）	全园的主体建筑，用于祭祖；面阔五间带前廊；堂前有广庭，庭中植树，庭南临于池上。其布局特征沿袭了药圃世纶堂。池南正对垂云峰	池北居中	沿用	尚存。为现状博雅堂之前身	·《颐圃记》 ·《敬亭山房记》 ·《跋姜给谏匾额后》 ·《姜氏艺圃记》 ·《艺圃后记》 ·《念祖堂记》 ·《艺圃图》 ·《百城烟水·卷二》 ·《民国吴县志·卷第三十九上》
2	旸谷书堂 爱莲窝 （为一组建筑）		姜埰长子姜安节读书讲学之处；这组建筑是东西向的；满院种竹	念祖堂的东邻	不详	无存	同上
3			水榭	念祖堂的东邻，正对池南的乳鱼亭	不详	无存	同上
4	东莱草堂（院）		以东莱草堂为主体的一组建筑，是接待宾客的厅堂	旸谷书堂院落东邻	不详	不知与现状之东莱草堂是何继承关系。但二者的位置大致相同	同上
5	饣氏斋(院)		园主姜埰的书房	东莱草堂院落的东北	沿用至七襄公所时期	现状之饣氏斋是在1982年的修复工程中重建的	同上
6	延光阁		由位于宅园东南部的大门进入后的第一座建筑；面阔三间、两层；阁前东、西两侧是围墙，东围墙以东为宅，西围墙以西即是园池；沿路种数十棵梧桐	东莱草堂院落以南	应沿用至七襄公所时期	无存	同上
7	六松轩与红鹅馆（院）	与敬亭山房这一组建筑应是在青瑶屿的基础上扩建增修而成	姜埰次子姜实节的读书处；红鹅馆是池馆，临水。六松轩应在其北面；院内种松、芭蕉，还保留有青瑶屿时的柳树	念祖堂的西邻	不详	无存	同上
8	敬亭山房		园内另一处重要建筑；敬亭山房与念祖堂之间以廊庑相连；前有庭院，临水。庭院的东南与一座三折的平板桥相通，可达池南岸，此桥即度香桥	六松轩、红鹅馆小院以西	不详	无存	同上

续表

序号	组成内容	建造时间	概况	位置	沿用状况	现状	记载文献
9	四时读书乐楼，香草居		姜埰次子姜实节的读书处	念祖堂之北	不详	无存	同上
10	改过轩，绣佛阁		具体内容、用途不详	敬亭山房之北，四时读书乐楼和香草居以西	不详	无存	同上
11	响月廊		南北向的长廊，是池的西边界；向北连接以敬亭山房为主的一组建筑，向南通往南村和鹤柴；廊东侧临水处有高大的石峰	池西岸	沿用	沿用。现在廊东已无石峰，且应该是在原位置以东	
12	鹤柴		养鹤之地	响月廊西侧	沿用	沿用。仅保留了建筑物的名称。现在的南村、鹤柴一组建筑是在1982年的修复工程中重建的	
13	南村		具体内容、用途不详。从名称推断建筑应是乡野村居风格	响月廊南端	沿用		
14	谏草楼	建于清康熙十二年（1673年）后	姜安节与实节为收藏父亲遗稿增建	敬亭山房以北、改过轩旁	不详	无存	同上
15	思嗜轩		姜安节为纪念父亲增筑	山的西南角	不详	无存	同上
16	池		面积约2亩。大致为方池；池北以建筑物的基台为岸，其余部分垒块石为岸；池中种有莲、荷、浮萍，岸边有香蒲、莎草、莪蒿	园中部	沿用	尚存。面积缩小	同上
17	浴鸥池		从大池中辟出的一区小池	大池西南角	沿用	尚存	同上
18	度香桥		三折的平板石桥。据《艺圃图》桥上设有木栏	池的西部。北接敬亭山房的前庭，南抵池的西南岸	沿用	沿用。与现状的度香桥位置不同。现状的度香桥是1982年重建的	同上
19	垂云峰		池南堆土为山，再置数十石峰，其主峰为垂云峰	池南山上。隔池正对池北的念祖堂	不详	无存	同上
20	朝爽台		全园之制高点	池南山顶平坦处	沿用至七襄公所时期，改建为六角亭	无存	同上

续表

序号	组成内容	建造时间	概况	位置	沿用状况	现状	记载文献
21	乳鱼亭		四角亭	池的东南部，伸出于水面上，正对池北的爱莲窝	沿用	尚存。现状乳鱼亭经1982年修复	同上
22	植物		园中植物丰茂，池中有莲、荷、浮萍，岸边有香蒲、莎草、莪蒿，花木有梧桐、柳、楸、松、枣、梅、杏、杜梨及竹，芭蕉、兰草、蓼草、罂粟及紫藤、薯蓣等藤本。设药栏种药草				
23	动物		禽鱼。 鹅、鹤、鸳鸯、白鹭等				

七襄公所

序号	组成内容	建造时间	概况	位置	沿用状况	现状	记载文献
1	博雅堂	清道光十九年（1839~1958年）	园内主厅		前身为姜氏艺圃念祖堂，改为现名	尚存	·《民国吴县志·卷第三十九上》 ·《七襄公所记》 ·《苏州古典园林》 ·《苏州旧住宅参考图录》 ·"苏州明代园林——'艺圃'修复工程介绍"
2	水榭		新建	建在博雅堂南临水处，即原来堂的前庭处	沿用	现状艺圃称此水榭为延光阁	
3	乳鱼亭		艺圃时留存下来		沿用	尚存。1982年修复	
4	南斋，香草居，鹤柴		新建	园西南浴鸥小园内	沿用	尚存。1982年重建	
5	思嗜轩		新建	园的东南部、山的东北角	沿用	尚存。1982年重建	
6	度香桥		三折的平板石桥	不详	沿用，现在位于池的西南角	尚存。1982年重建	
	其他		其他建筑及组成内容具体情况不详，参阅表1与表4				

现状艺圃

序号	建筑名称	建造时间	概况	位置	现状建筑信息
1	博雅堂	前身为姜氏艺圃念祖堂，1982年修复		园内主厅	建筑类型：扁作厅 平面：通面阔五间（16.6米），进深八界（10米），前后廊； 梁架：前廊-抬头轩-内四界-后廊。内四界梁端、轩梁端、廊川下均置梁垫，蜂头作如意卷纹。梁垫均有蒲鞋头承托。 轩：扁作船篷轩。 牌科：步柱柱头用枫栱，脊桁下置斗六升牌科（山雾云），五出参。 屋顶：硬山顶。提栈用两个，步柱3.6算，金柱3.7算，脊柱6.6算；哺鸡脊。 门窗：后步柱间用板门；前廊步柱间内心仔井字式长窗。后廊柱步柱装井字格内心仔式半窗，前后廊梢间均装地坪窗。 挂落：廊柱间挂落形式为万川式

续表

序号	建筑名称	建造时间	概况	位置	现状建筑信息	
2	水榭/延光阁	七襄公所时新建，1982年修复	博雅堂前的水榭	博雅堂南，二者中间为庭	面阔五间，进深七界；卷棚，黄瓜环脊式	详见测绘图
3	旸谷书堂	始建时间不详，1982年修复		延光阁东邻	面阔五间，进深七界	详见测绘图
4	爱莲窝	始建时间不详，1982年修复	坐东面西，门开在南墙上	旸谷书堂东南，池的东北角	平面近方形，面阔三间，进深五界；卷棚，黄瓜环脊式	详见测绘图
5	世纶堂（院）	始建时间不详，1982年修复		旸谷书堂以东	建筑类型：厅堂 平面：通面阔三间（9.85米），进深六界（7.15米），前后廊。后廊正间通往东莱草堂门墙用"抱厦"相连，抱厦两侧为天井，用于采光通风。 梁架：前廊-内四界-后廊。 牌科：内四界大梁下两端用蒲鞋头与枫栱组合。 屋顶：硬山顶。提栈用两个，步柱4.3算，金柱4.5算，脊柱5算，哺鸡脊。 门窗：前廊步柱间设内心仔井字式长窗，世纶堂后廊步柱间设屏门，后廊次间檐柱之间设内心仔井字式半窗，后廊抱厦两侧墙上开橄榄景式花墙洞	
6	东莱草堂（院）	始建时间不详，1982年修复		世纶堂北	建筑类型：扁作厅 平面：通面阔五间（16.7米），进深八界（10.5米），前后廊。后廊正间通往"思敬居"院落的墙门用"抱厦"相连，抱厦两侧为天井。 梁架：前廊-抬头轩-内四界-后廊。梁之上架短梁为荷包梁，内四界梁端、轩梁端、廊川下均置梁垫，蜂头作如意卷纹。 轩：扁作船篷轩 牌科：轩梁、内四界大梁梁端下均用蒲鞋头与枫栱组合（详见测绘图），脊桁下置斗六升牌科（山雾云）五出参。 屋顶：硬山顶。提栈用3个，步柱5算，金柱6算，脊柱6.8算，哺鸡脊。 门窗：院子入口牌科门楼设墙门，前廊步柱间用长窗，内心仔井字式；后廊步柱间用板门，后廊檐柱间用内心仔井字式半窗；后廊抱厦两侧墙上开橄榄式花墙洞	
7	饽饦斋（院）	1982年重建	楼厅	东莱草堂东邻	通面阔二间（6.1米），进深三间（8.03米），带前廊；二层。硬山顶，哺鸡脊	详见测绘图
8	思敬居（院）	始建时间不详，1982年修复	楼厅	东莱草堂北	通面阔五间（16.31米），进深一间，带前廊；二层。硬山顶，哺鸡脊	详见测绘图
9	响月廊及半亭	1982年重建		池西岸	通长九间（19.5米），廊深（1.75米）。中间为半亭	详见测绘图
10	香草居	1982年重建	对照厅	池西南角，浴鸥小园内	建筑类型：对照厅 平面：通面阔三间（6.5米），进深五界（4.55米）。 梁架：五界大梁上立金童，上承山界梁，再立两脊童，承桁；五界大梁为圆料； 屋顶：卷棚歇山 门窗：朝向院子开书条式长窗，朝向浴鸥小园的东墙上开书条式半窗	详见测绘图
11	南村		对照厅			
12	鹤柴		对照厅之间的过厅，坐西面东			

续表

序号	建筑名称	建造时间	概况	位置	现状建筑信息	
13	朝爽亭	1982年新建	六角亭	山顶		
14	乳鱼亭	始建于姜氏艺圃时，1982年修复	四角亭	池的东南角	平面：方形，四角柱间距3.3米。正对池的西面仅有两角柱，其余三面用四柱。柱为抹角方柱，柱间装吴王靠。 梁架：梁架共四界，提栈用2个。 牌科：角科为琵琶科，三出参；平身科一斗三升。 屋顶：四角攒尖，葫芦顶	详见测绘图
15	思嗜轩	1982年重建		乳鱼亭东南	面阔三间（5.5米），进深四界（3米）；卷棚歇山顶	详见测绘图
16	过厅	1982年修复		世纶堂南	面阔一间（2.85米），进深七界（7.4米）；硬山顶	详见测绘图
17	门屋	始建时间不详，1982年修复		位于全园东南角	通面阔三间（9.6米），进深五界（5.5米）；硬山顶，哺鸡脊	详见测绘图

参考文献

[1]《文文肃公传》，[清]汪琬

[2]《文氏族谱续集》，[清]文含纂修，(《曲石丛书》[民国] 李根源辑，民国十七年）

[3]《敬亭集》，[明]姜埰，华东师范大学出版社，2011年

[4]《敬亭山房记》，[清]魏禧

[5]《敬亭山房记》，[清]归庄

[6]《跋姜给谏匾额后》，[清]归庄

[7]《归庄集》，上海古籍出版社，1984年

[8]《姜氏艺圃记》，[清]汪琬

[9]《艺圃后记》，[清]汪琬

[10]《文渊阁四库全书·集部·别集类·尧峰文钞》

[11]《念祖堂记》，[清]黄宗羲

[12]《艺圃图》，[清]王翚（石谷）

[13]《七襄公所记》（碑拓），[清]杨文荪

[14]《百城烟水》，[清]徐崧、张大纯纂辑，江苏古籍出版社，1999年

[15]《民国吴县志》，曹允源、李根源纂，《江苏府县志辑⑪》，江苏古籍出版社，1991年

[16]《长物志校注》，[明]文震亨原著，陈植校注，杨超伯校订，江苏科学技术出版社，1984年

[17]《园冶注释》，[明]计成原著，陈植注释，杨伯超校订，陈从周校阅，中国建筑工业出版社，1988年

[18]《明史》，[清]张廷玉等撰，中华书局，1974年

[19]《塔影园集》，[明]顾苓

[20]《精华录》，[清]王士祯

[21]《苏州旧住宅参考图录》，同济大学建筑工程系建筑研究室，1958年10月（内部资料，未正式出版）

[22]《苏州古典园林》，刘敦桢，中国建筑工业出版社，1979年

[23]"苏州明代园林——'艺圃'修复工程介绍"，陆宏仁，《古建园林技术》1988/3

[24]《苏州古典园林营造录》，苏州民族建筑学会等编著，中国建筑工业出版社，2003年

[25]《苏州园林名胜旧影录》，苏州市园林和绿化管理局、衣学领主编，上海三联书店，2007年

二、现在的艺圃

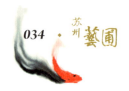

艺圃·入口部分

艺圃位于吴趋坊，在苏州老城的西北部。与苏州城西城墙上的北门——阊门相距不远。

周围都是民宅，房屋栉比，人烟稠密。

艺圃的入口大门朝东，开在文衙弄上。文衙弄是一条南北小巷，宽度不过3米有余，向南通到宝林寺前街，向北通到天库前街。天库前街再往北一个街口，就到了阊门横街（西中市街），向西望去，阊门近在眼前。

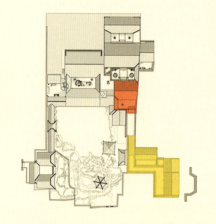

◆ 入口部分在园中的位置

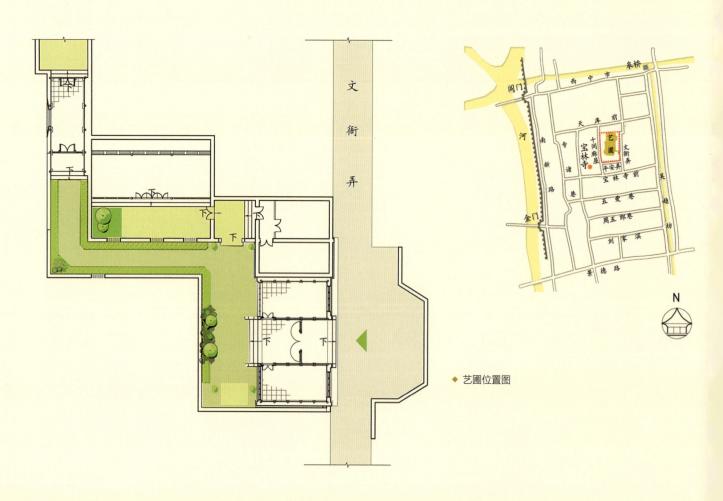

◆ 入口部分平面图

◆ 艺圃位置图

二、现在的艺圃　035

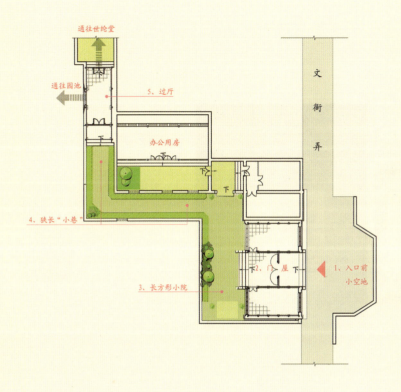

从入口到过厅，是艺圃的入口部分。

入口门屋前近方形的小空地提起人们的注意。
入口窄小，分隔园外与园内。
长方形的入口小院，简简单单，可以稍作停顿。
白色高墙夹道的小"巷"。
狭长的过厅，继续前行，去往世纶堂，
左转，踏入园中。

◆ 入口部分平面图

1. 入口前

巷东侧的房屋退让出一小块大约7、8米见方的小空地。仅是空地而已，与艺圃朴素的门屋很是相称。

◆ 入口前

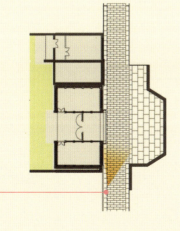
◆ 入口前平面图

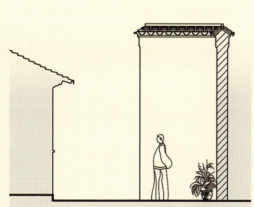
◆ 入口前剖面示意图

2. 门屋

◆ 门屋

◆ 自门屋望园内

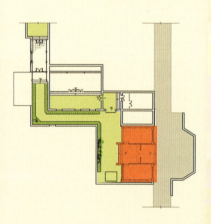
◆ 门屋在入口部分的位置

◆ 门屋东立面图

3. 长方形入口小院

一棵五角枫，一株油松，几竿小箬竹。一片书带草夹杂些小草花，藏着四块湖石，或伏或立。

1. 五角枫
2. 油松
3. 箬竹

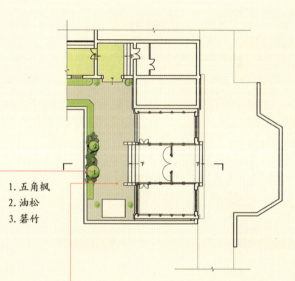

◆ 长方形小院平面图

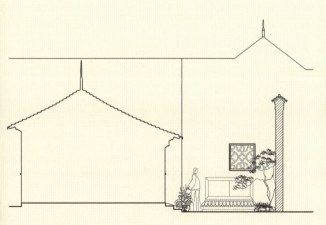

◆ 小院剖面图

◆ 小院北面圆洞门

4. 小"巷"

◆ 自东向西望小巷

◆ 在小巷看过厅

◆ 在过厅看小巷

◆ 小巷北立面图

◆ 小巷北墙上的漏窗

◆ 漏窗1

◆ 漏窗2

◆ 漏窗3

5. 过厅

过厅是狭长的条形平面。南北两端完全开敞。向北，是花木扶疏的又一条小"巷"，尽头是"经纶化育"墙门。

西墙上，有门。开门望去，满园景致，扑面而来。

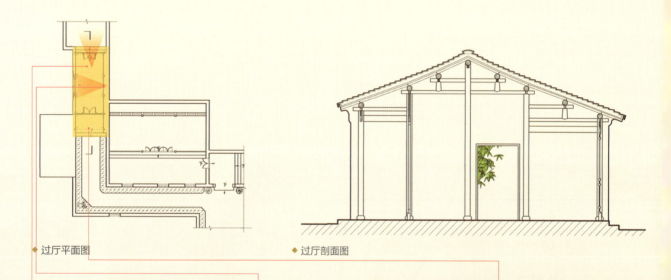

◆ 过厅平面图　　　　　　　　　　◆ 过厅剖面图

◆ 在过厅门前北望

◆ 由过厅西墙上的门望园内

◆ 过厅，上悬"七襄公所"匾额

艺圃·世纶堂-东莱草堂部分

◆ 世纶堂-东莱草堂在园中的位置

穿过"经纶化育"墙门，即进入世纶堂院落。

世纶堂—东莱草堂及其后的思敬居一组院落，是艺圃东路上的主要建筑。由南而北，三个院落，格局紧凑。

穿行在厅堂和庭院之间，开敞明亮的前廊，昏暗幽静的后廊、夹道，逼仄的小天井，绿影覆盖的小院，回环往复，处处有柳暗花明的意趣。

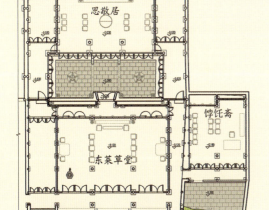

◆ 世纶堂-东莱草堂平面图

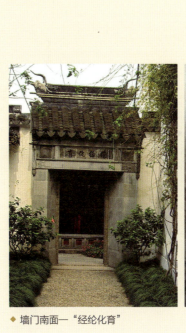

◆ 墙门南面—"经纶化育"

◆ 墙门北面—"执义秉德"

6. 世纶堂

世纶堂是前厅,简单朴质,内四界带前后廊。

前廊与院子的西墙游廊相连,近南端处有小门,出门即可见池中莲叶田田,左转为爱莲窝,右转去向水榭和旸谷书堂。

◆ 世纶堂在园中的位置

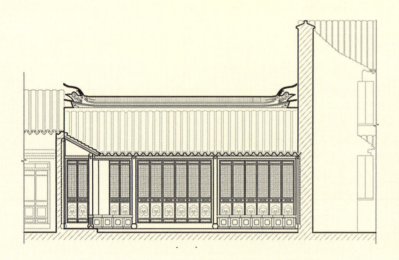

◆ 世纶堂南立面图

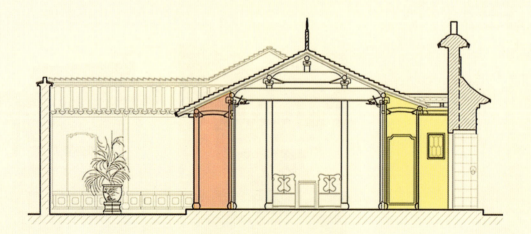

◆ 世纶堂剖面图

二、现在的艺圃　043

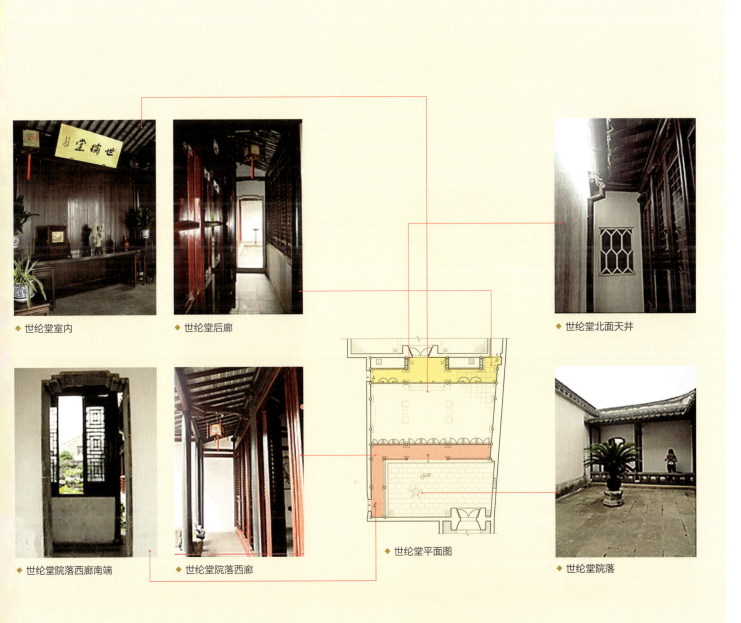

◆ 世纶堂室内　　◆ 世纶堂后廊　　　　　　　　　　　　　　　◆ 世纶堂北面天井

◆ 世纶堂院落西廊南端　◆ 世纶堂院落西廊　　◆ 世纶堂平面图　　　◆ 世纶堂院落

7. 东莱草堂

东莱草堂是东路的主体建筑，是现在艺圃中仅次于主厅博雅堂的第二大的厅堂。在姜氏艺圃时用于会见宾客。

内四界，抬头轩，带前后廊。

堂内，"东莱草堂"匾额下有对联一副：

砚边挥笔数老陶然

松下论文诸贤乐耳

◆ 东莱草堂在园中的位置

◆ 东莱草堂室内

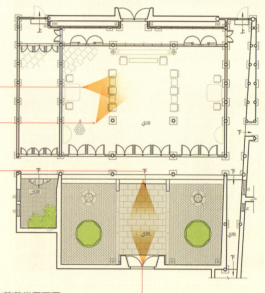

◆ 东莱草堂平面图

◆ 在"刚健中正"墙门内望东莱草堂院落

二、现在的艺圃 • **045**

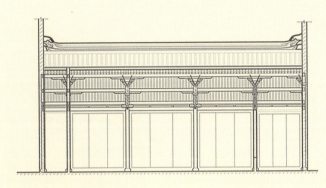

◆ 东莱草堂纵剖面图

东莱草堂前的庭院，仅种有两棵玉兰。

堂的西侧，是一处过厅，廊前是一小院，只种了芭蕉，且称之为芭蕉小院。

过厅内不置一物，空敞、幽暗。只有从几株高大芭蕉的叶间洒落的光线，明黄、翠绿。

◆ 在堂内看庭院

◆ 芭蕉小院

◆ 在过厅内看芭蕉小院

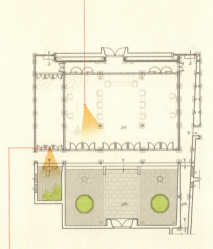

◆ 东莱草堂平面图

东莱草堂东侧有狭长的夹道,时明时暗,串联着草堂的前廊、后廊。

由夹道东转是另一个小院——饸饹斋,径直往北是"思敬居"。

◆ 小门通往饸饹斋

◆ 东莱草堂后廊

◆ 东莱草堂平面图

◆ 东莱草堂东侧的夹道

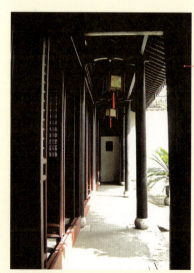

◆ 东莱草堂前廊

二、现在的艺圃 047

8. 思敬居

出东莱草堂后廊中间的墙门，就到了艺圃东路的最后一个院落。

主体建筑思敬居是一座二层的楼厅。底层均是心仔的格扇，二层均是心仔的半窗。庭院横长，匀质、清爽。

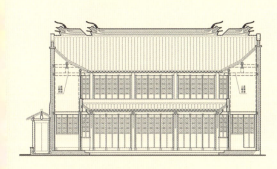
◆ 思敬居剖面图

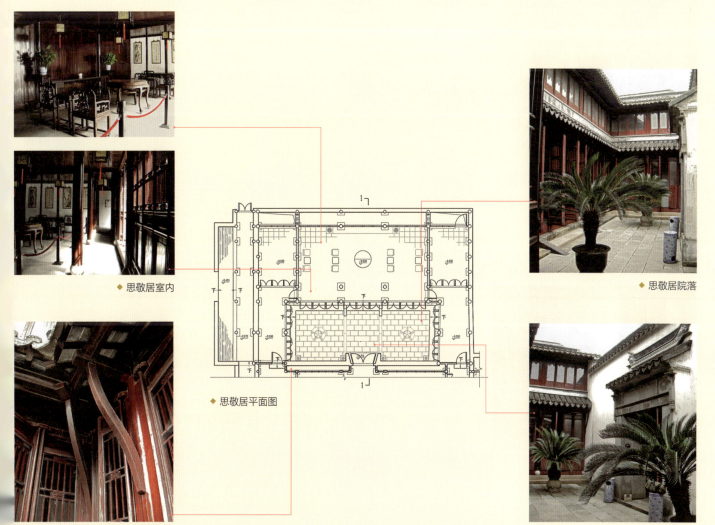

◆ 思敬居室内

◆ 雀宿檐

◆ 思敬居平面图

◆ 思敬居院落

◆ 墙门

9. 饽饦斋

从东莱草堂东侧的夹道可去往饽饦斋小院，这是一个独立的院落。

饽饦斋在姜氏艺圃时是姜埰的书房，二层的楼厅，面阔只有两个开间，带有小小的前廊。这里位置僻静，庭院窄小，院中靠南墙栽了几竿竹，东南角种了一蓬书带草，还有竹。

◆ 饽饦斋在园中的位置

◆ 饽饦斋前

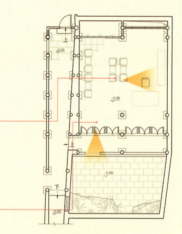

◆ 饽饦斋平面图

◆ 饽饦斋南立面图

◆ 在饽饦斋内看庭院

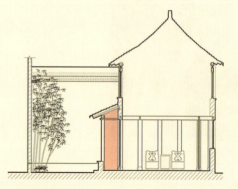

◆ 饽饦斋横剖面图

二、现在的艺圃　049

艺圃·入口-东莱草堂部分

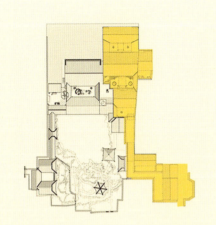

◆ 入口到东莱草堂部分园中的位置

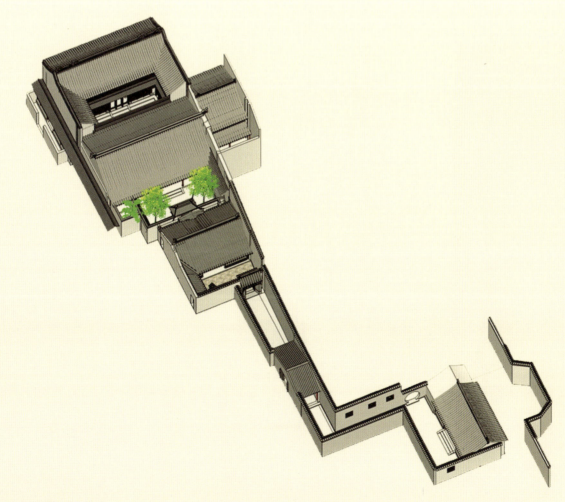

◆ 入口到东莱草堂部分·模型

艺圃·博雅堂-水榭部分

　　从世纶堂的前廊和后廊、东莱草堂西的芭蕉小院往西均可到达博雅堂、水榭部分。

　　这一部分位于池北居中位置，是全园的主体，有博雅堂、水榭（延光阁）、旸谷书堂三处主要建筑和三个庭院、一个小天井。

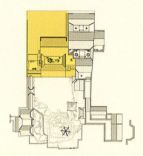

◆ 博雅堂—水榭在园中的位置

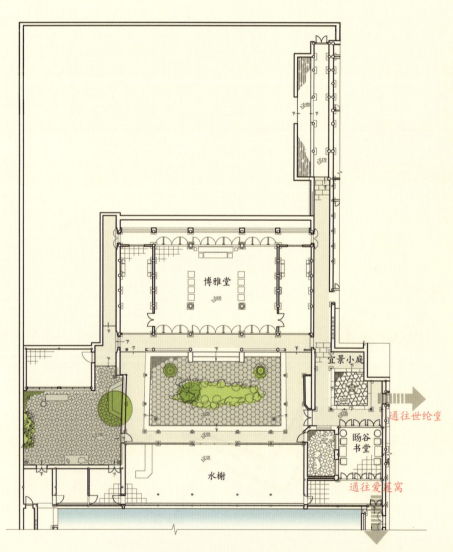

◆ 博雅堂—水榭部分平面图

10. 旸谷书堂与宜景小庭

世纶堂西侧、水榭东邻，是旸谷书堂。在姜氏艺圃时旸谷书堂原是一组院落。现在是一座小的厅堂，开间一间、进深内四界带前后廊。

旸谷书堂的西墙与水榭的东墙之间夹一处小天井，天井内有一峰湖石，三株芭蕉。

书堂北是又一处小庭院。从这个小庭，往东可去世纶堂后廊，往北可去东莱草堂前廊，往西即是博雅堂，北面一墙之隔，是芭蕉小院。此庭通达四处，迂回往复，宜停、宜走、宜观天，且称之为"宜景小庭"。

◆ 旸谷书堂在园中的位置

◆ 旸谷书堂平面图

◆ 旸谷书堂

◆ 在宜景小庭看旸谷书堂

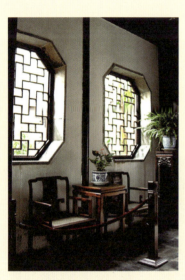

◆ 旸谷书堂平面图

◆ 在宜景小庭内看天

◆ 旸谷书堂的西窗

◆ 在廊内望小天井

◆ 从池南山上望小天井

11. 博雅堂与水榭院落

博雅堂是艺圃的主厅。前庭敞阔，檐廊周回。庭的东部立一孤峰，花、草蔓植其下。

堂南直对水榭（延光阁），水榭南北两面均是格扇，自博雅堂前即隐约可见池山、花木。

◆ 博雅堂-水榭在园中的位置

◆ 自博雅堂透过水榭南望池山

◆ 水榭北廊

◆ 博雅堂前庭院

通往水榭

博雅堂的抱柱联

博雅腾声数杰 烟波浩淼 浴鹤晴峰 三万顷湖裁一角

艺圃蜚誉全吴 霁雨空蒙 乳鱼朝爽 七十二峰剪片山

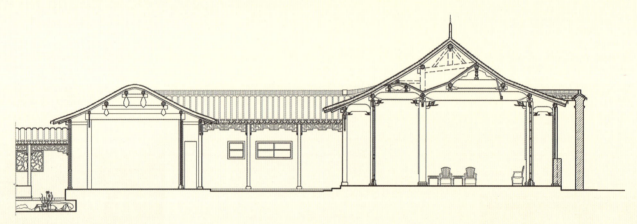

◆ 博雅堂-水榭横剖面图

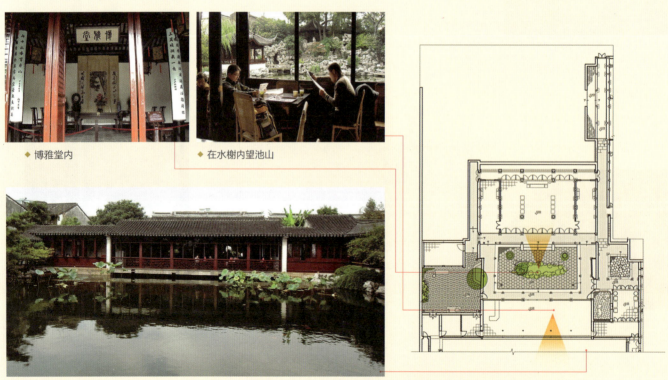

◆ 博雅堂内

◆ 在水榭内望池山

◆ 自池南山上望水榭

◆ 博雅堂-水榭部分平面图

12. 博雅堂西小院

博雅堂西是一个近方形的小院。院北有一座小厅，靠西墙有一丛竹，东墙是一株枇杷，南墙只有一个小小的湖石花台。

穿过小院往南，是池西岸的响月廊。

◆ 博雅堂西小院在园中的位置

◆ 小院西墙的毛竹

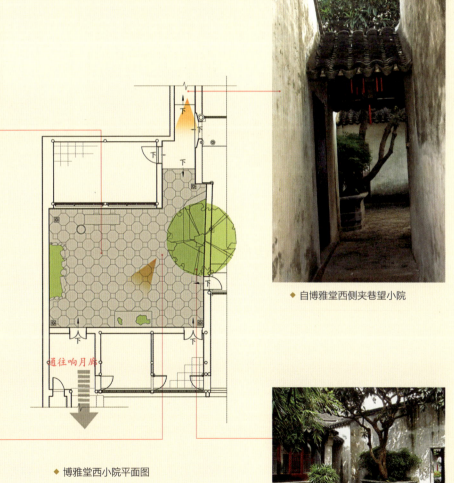

◆ 自博雅堂西侧夹巷望小院

◆ 小院南墙

◆ 博雅堂西小院平面图

◆ 小院东墙的枇杷

◆ 园池北立面图

二、现在的艺圃 057

艺圃 · 响月廊部分

13. 响月廊

池的西岸是一道长廊，是看水、赏莲、听月之处。

廊是池的西边界，北接博雅堂西的小院，往南可去向池的南岸，还有香草居和南斋院落。

廊东是湖石的驳岸，花、树参差。透过廊西墙上的漏窗，可见丛丛绿竹。

廊的中部是一座半亭。亭中有联：

踏月寻诗临碧沼

披裘入画步琼山

◆ 响月廊在园中的位置

1. 紫薇　　2. 五角枫
3. 薜荔　　4. 油松
5. 榕树　　6. 桂树
7. 大叶女贞　8. 玉兰

◆ 响月廊西墙与围墙间种毛竹

◆ 半亭东的石峰

◆ 自池东望响月廊

艺圃·香草居-南斋部分

14. 香草居-南斋（芹庐小院）

在响月廊中南行至尽端，即是香草居。香草居原是姜埰次子实节书房的名字。与香草居隔庭院南北相对的，是南斋，二者为一组南北对称的对照厅，以西侧的一处小过厅相连接。此过厅名为鹤柴（砦），也用的是姜氏艺圃时养鹤之所的名称。

此一处院落，名为"芹庐"藏在全园的西南隅，东与浴鸥小园为邻。庭中湖石散落，一棵白皮松独立。静坐屋中，窗虚松影，满庭绿色，皆入眼来。

◆ 香草居-南斋部分在园中的位置

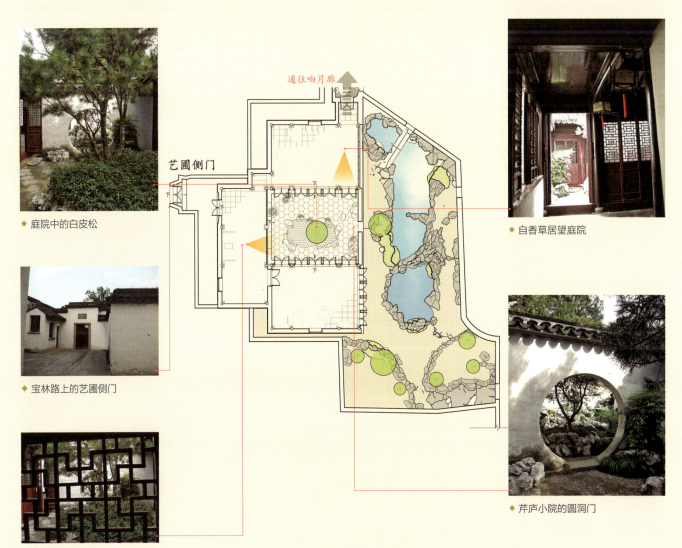

◆ 庭院中的白皮松

◆ 宝林路上的艺圃侧门

◆ 自鹤柴望庭院

◆ 自香草居望庭院

◆ 芹庐小院的圆洞门

◆ 香草居-南斋部分在园中的位置

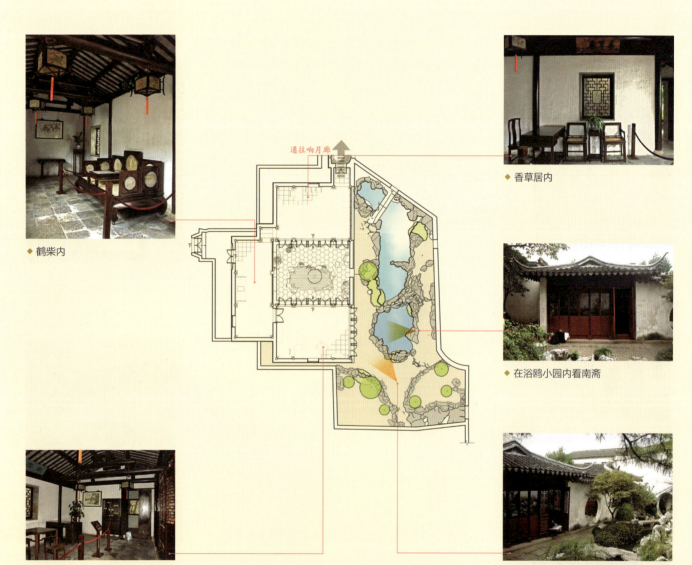

◆ 鹤柴内

◆ 香草居内

◆ 在浴鸥小园内看南斋

◆ 南斋内

◆ 香草居-南斋部分平面图

◆ 在浴鸥小园内望南斋和香草居

艺圃·浴鸥小园部分

15. 浴鸥小园

出香草居和南斋的圆洞门，便是浴鸥小园。这是在园池西南辟出的小园，方池在此伸出一泓水湾，湖石叠岸，池水尽处，即可拾级登山。

◆ 浴鸥小园部分在园中的位置

◆ 自浴鸥小园北望

◆ 圆洞门外树一孤峰

◆ 由浴鸥小园看芹庐小院

◆ 浴鸥小园部分平面图

◆ 池水尽处，岸石壁立

◆ 由此一板石桥通向主园

1. 南天竺 2. 榔榆
3. 五角枫 4. 柿树
5. 桂树   6. 连翘
7. 腊梅   8. 油松
9. 苦竹   10. 薜荔

◆ 浴鸥小园的植物

◆ 由此小门向东望主园　　　　◆ 由此小门向西望浴鸥小园

度香桥　　　　　　　　响月廊

艺圃·池山

16. 池山

　　池南堆土为山。山北临池一面，聚石垒筑为池岸，峭壁，悬崖，洞壑，直壁夹峙的石阶。

◆ 池山部分在园中的位置

◆ 池山部分平面图

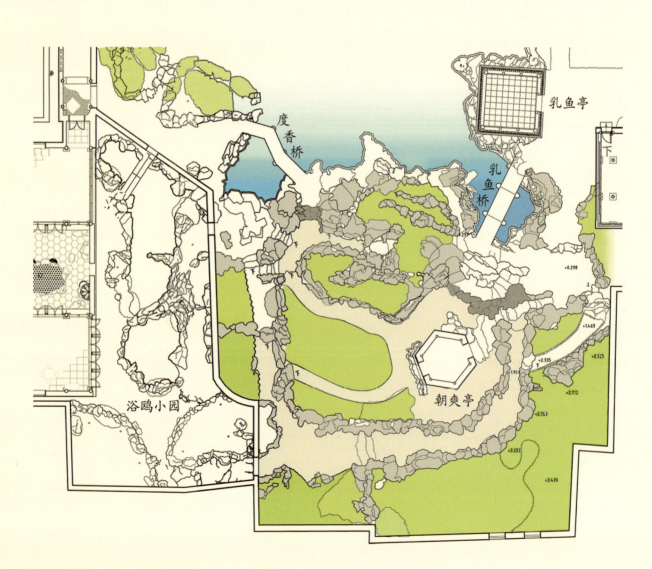

山顶，有朝爽亭。平岗曲径，浓荫覆地。

◆ 山的南北剖面（东视）

◆ 朝爽亭

1. 紫荆　2. 香橼
3. 鸡爪槭　4. 桂花
5. 腊梅　6. 朴树
7. 白皮松　8. 榆树
9. 枳椇　10. 银杏
11. 瓜子黄杨
12. 油松　13. 鹅掌楸

池山部分的植物

池的西南，浴鸥小园门前，有度香桥，曲折有致，跨于寂寂池水上。

◆ 度香桥部分在园中的位置

◆ 度香桥西望响月廊

二、现在的艺圃　◆ 069

◆ 度香桥北望水榭

◆ 度香桥附近的路径

◆ 度香桥南的岩洞

◆ 乳鱼桥西的岩洞

◆ 池山部分在园中的位置

◆ 由此石阶上山

◆ 池山部分平面图

◆ 由此北望石径

在水榭凭窗，石山多致，板桥跨水，方池倒影，古木繁花，云天澹澹。

◆ 池山部分在园中的位置

◆ 在水榭望池山

◆ 园池南立面图

思嗜轩　　　　　　　乳鱼亭　　　　　　　朝爽亭

◆ 园池南立面图

二、现在的艺圃　　073

度香桥　　　　　　　　　　　　　　　　响月廊

艺圃·乳鱼亭、思嗜轩、爱莲窝部分

17. 乳鱼亭、思嗜轩、爱莲窝

池的东南，有乳鱼亭，立在伸入池中的石矶上。亭东直对过厅的西门。此门南侧，思嗜轩倚墙而立，门之北，则是爱莲窝。

◆ 乳鱼亭、思嗜轩、爱莲窝部分在园中的位置

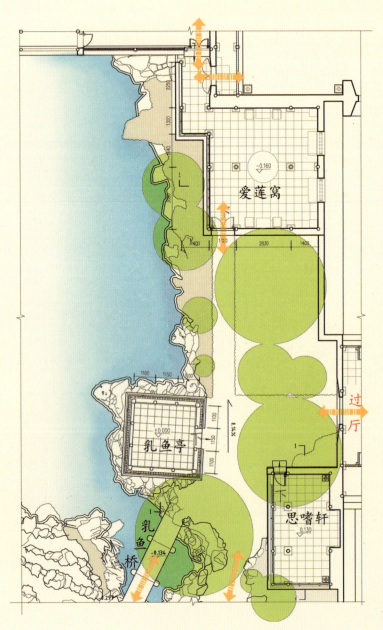

◆ 乳鱼亭、思嗜轩、爱莲窝部分平面图

二、现在的艺圃　075

◆ 在响月廊看爱莲窝

◆ 爱莲窝内

◆ 乳鱼亭、思嗜轩、爱莲窝局部平面图

◆ 自爱莲窝内望门外

◆ 思嗜轩

◆ 在乳鱼亭前看爱莲窝

乳鱼亭，临水，白天可以观游鳞，夜晚可以候明月。

◆ 在爱莲窝门前看过厅西门

◆ 乳鱼亭的抹角梁

◆ 在过厅西门前看乳鱼亭

◆ 在池南山前看乳鱼亭

◆ 乳鱼亭、思嗜轩、爱莲窝部分平面图

◆ 由此上山

二、现在的艺圃　077

◆ 乳鱼亭、思嗜轩、爱莲窝部分平面图

◆ 在响月廊看乳鱼亭

◆ 乳鱼桥通向南岸池山

◆ 池水在东南角汇出一湾小池，石板小桥跨于池上，这就是乳鱼桥。

◆ 乳鱼亭、思嗜轩、爱莲窝部分的植物

1. 石榴　　2. 鸡爪槭
3. 梅花　　4. 白玉兰
5. 银杏　　6. 垂柳
7. 垂丝海棠　8. 枣树
9. 鹅掌楸　10. 紫荆
11. 桂花

二、现在的艺圃　079

◆ 池东的岸石与花草

爱莲窝　　　　　　　　　　　　　　　乳鱼亭

◆ 园池东立面图

思嗜轩

叁

三、艺圃现状测绘图

艺圃现状总平面图

三、艺圃现状测绘图　085

艺圃·入口部分

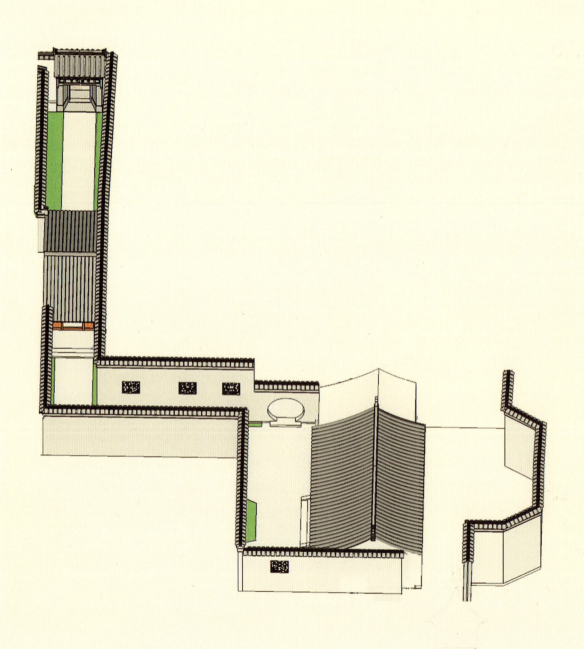

三、艺圃现状测绘图　　087

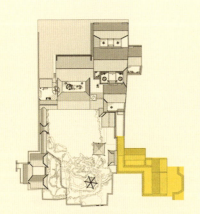

◆ 入口部分在园中的位置

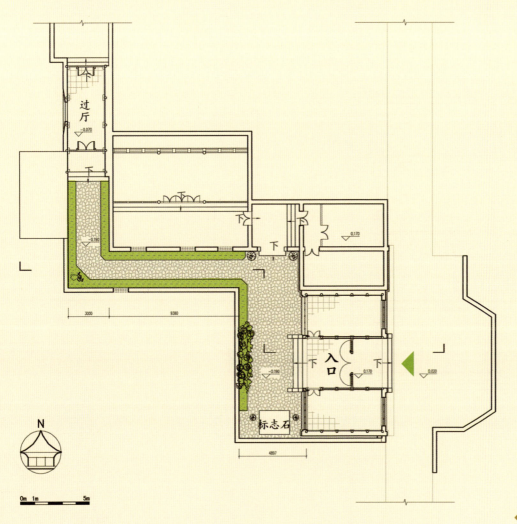

◆ 入口部分总平面图

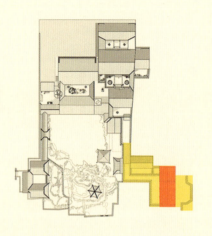

◆ 门屋在园中的位置

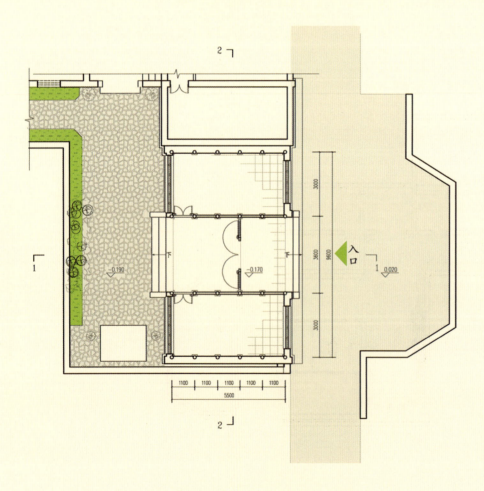

◆ 门屋平面图

◆ 门屋

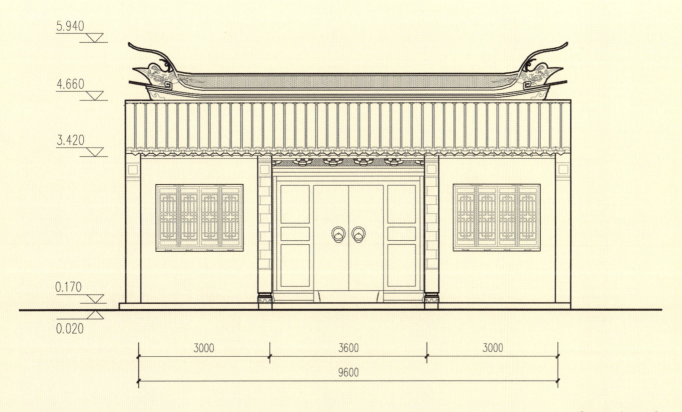

◆ 门屋东立面图

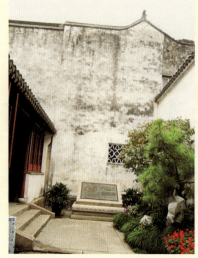
◆ 入口小院

◆ 门屋室内

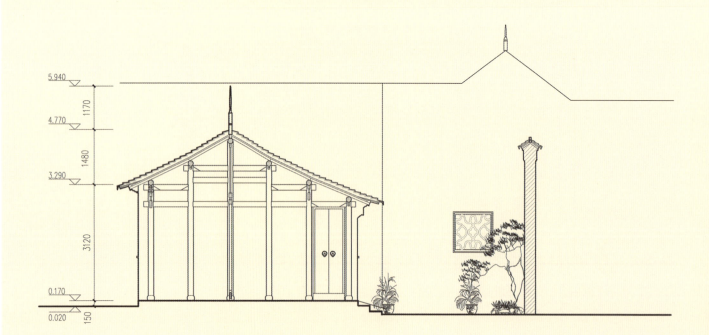

◆ 门屋 I-I 剖面图

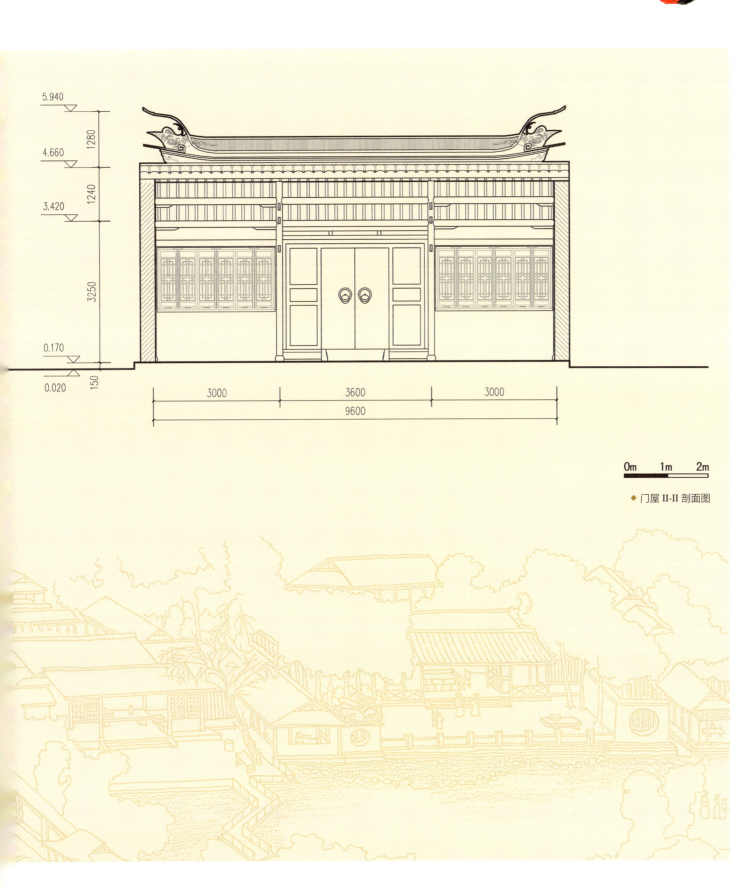

◆ 门屋 II-II 剖面图

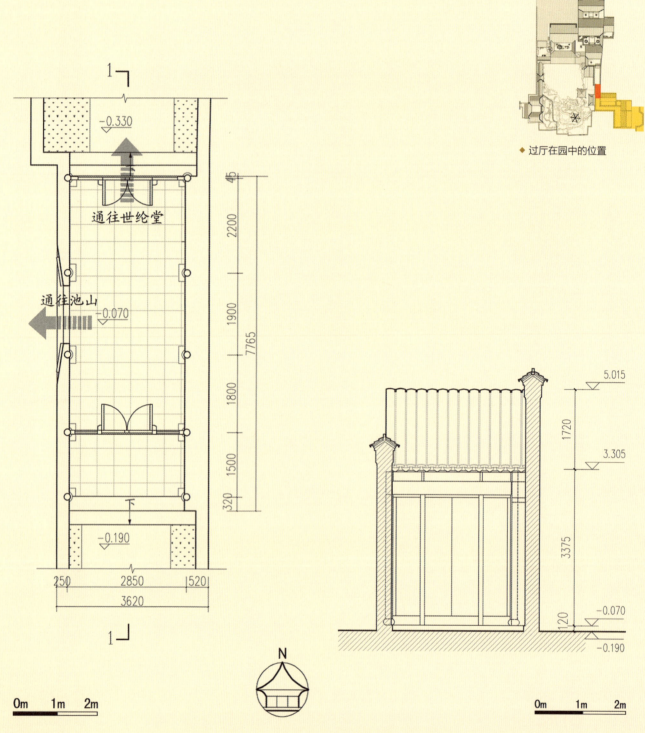

◆ 过厅在园中的位置

◆ 过厅平面图

◆ 过厅南立面图

◆ 过厅

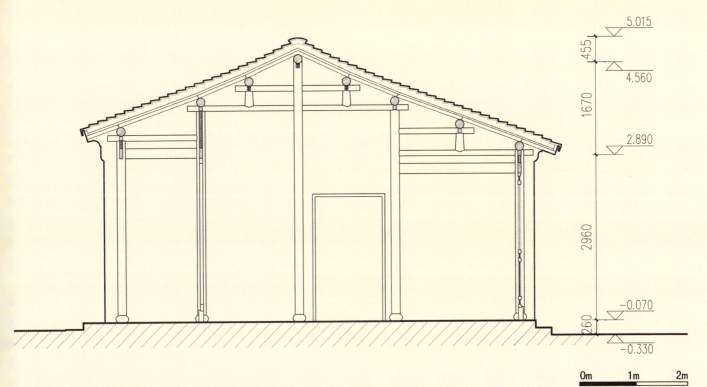

◆ 过厅 I-I 剖面图

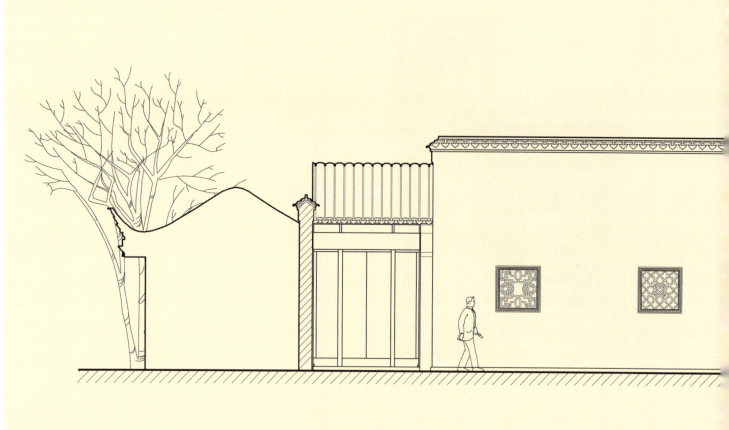

过厅　　　　　　　　　　　　　狭长"小巷"

◆ 艺圃 I-I 剖面图

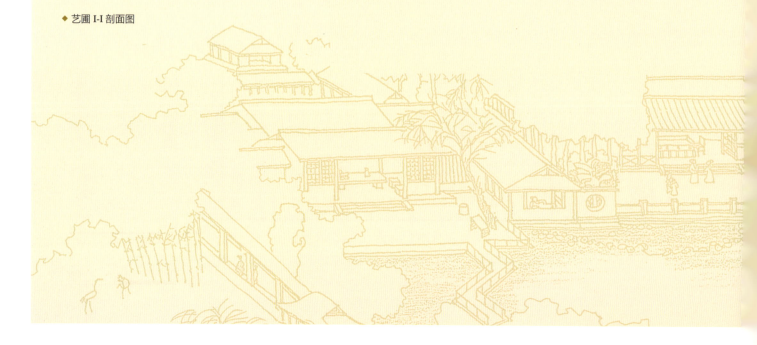

门屋

艺圃·世纶堂-东莱草堂部分

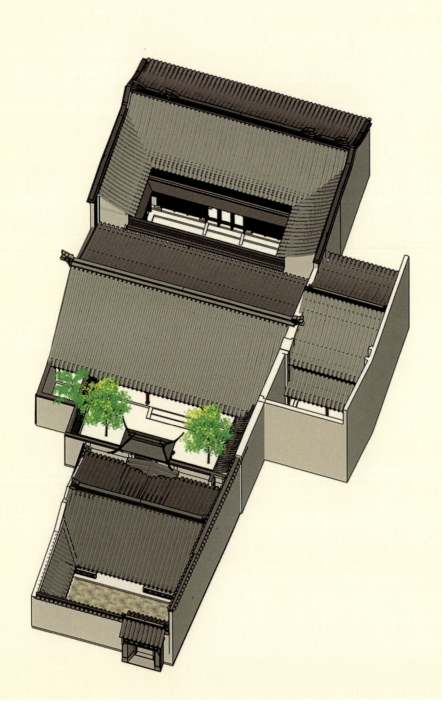

三、艺圃现状测绘图　•　097

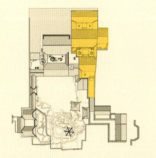

◆ 世纶堂—东莱草堂部分在园中的位置

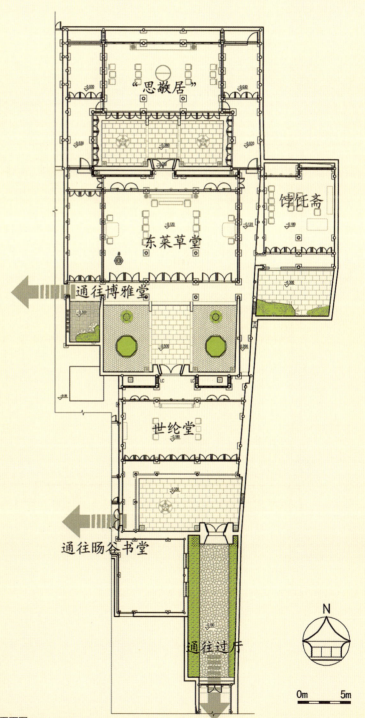

世纶堂—东莱草堂部分

◆ 世纶堂—东莱草堂部分平面图

◆ 世纪堂在园中的位置

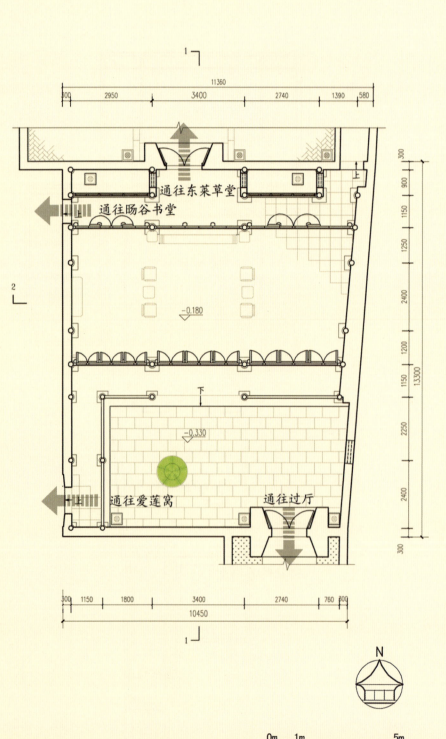

◆ 世纪堂平面图

◆ "经纶化育"墙门

◆ "经纶化育"墙门南立面图

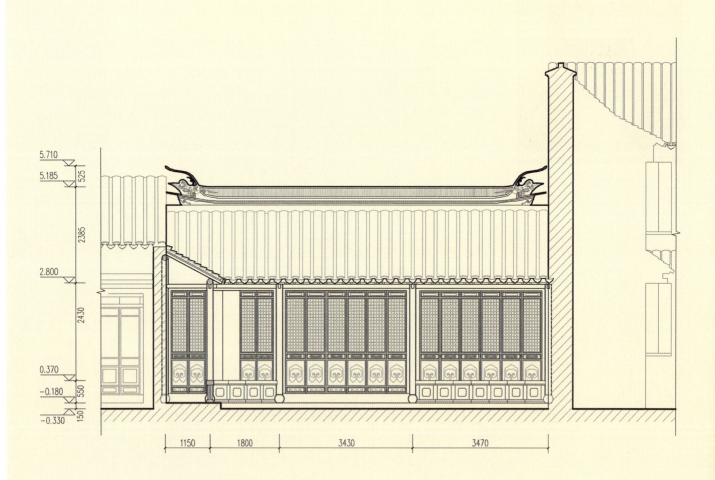

◆ 世纶堂南立面图

三、艺圃现状测绘图 101

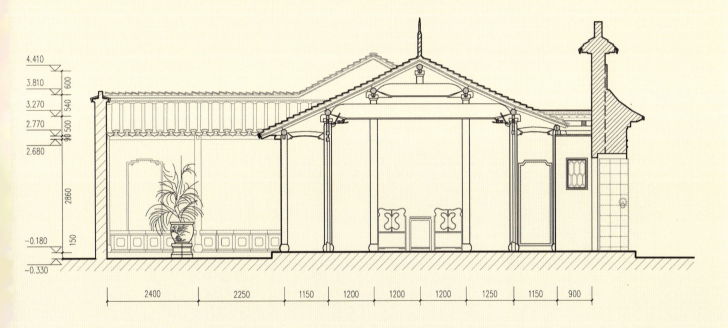

◆ 世纶堂 I-I 剖面图

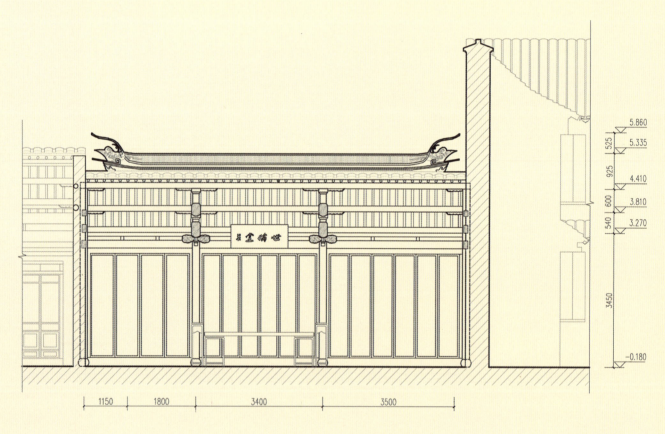

◆ 世纶堂 II-II 剖面图

三、艺圃现状测绘图 ◆ 103

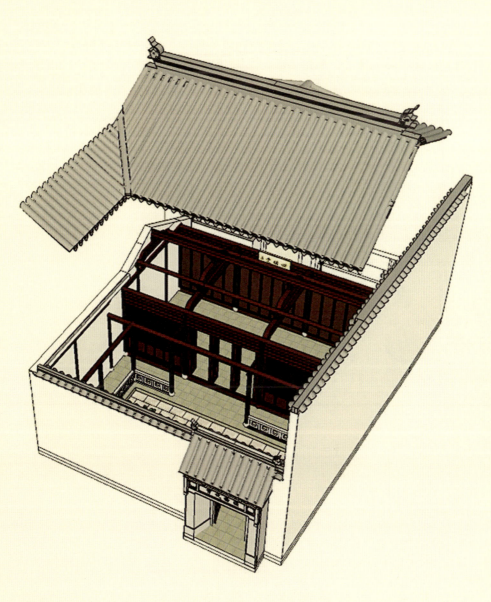

◆ 世纪堂模型

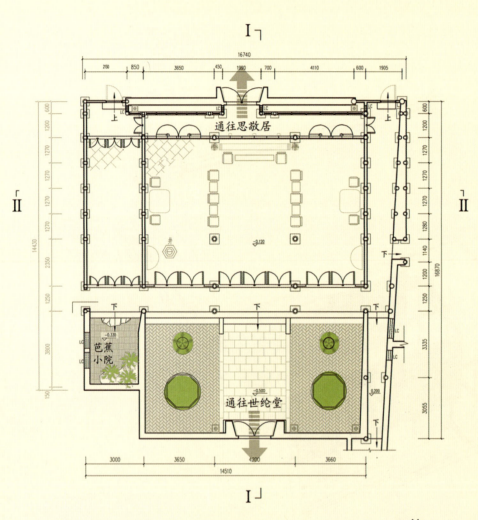

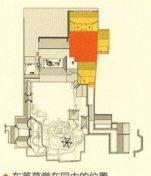

◆ 东莱草堂在园中的位置

◆ 东莱草堂平面图

三、艺圃现状测绘图　105

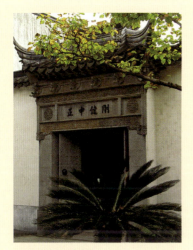

◆ "刚健中正"墙门

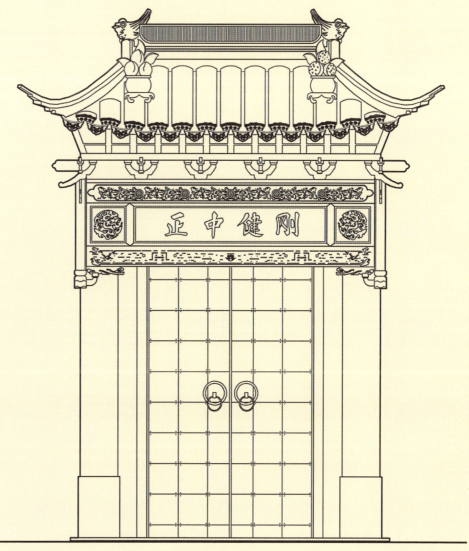

◆ "刚健中正"墙门南立面图

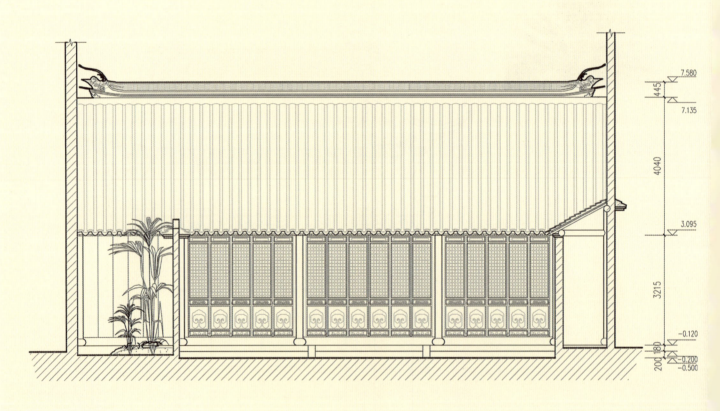

◆ 东莱草堂南立面图

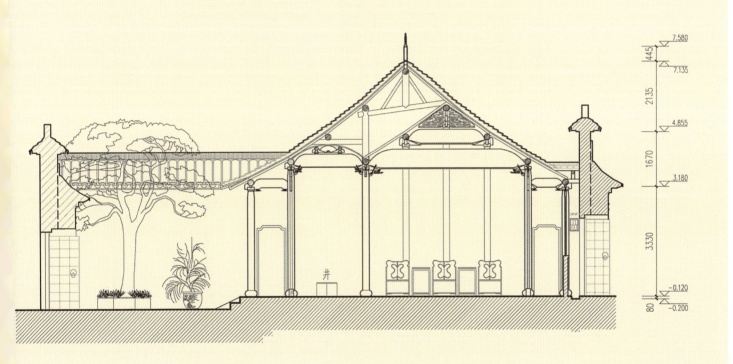

◆ 东莱草堂 I-I 剖面图

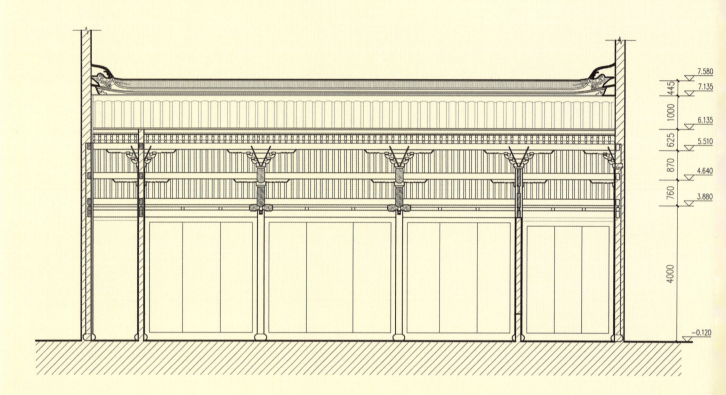

◆ 东莱草堂 II-II 剖面图

世纶堂-东莱草堂部分

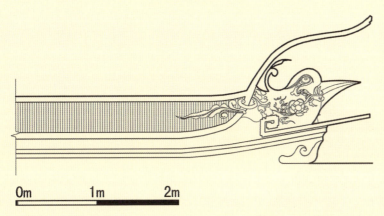

◆ 东莱草堂哺鸡脊大样图

◆ 东莱草堂哺鸡脊

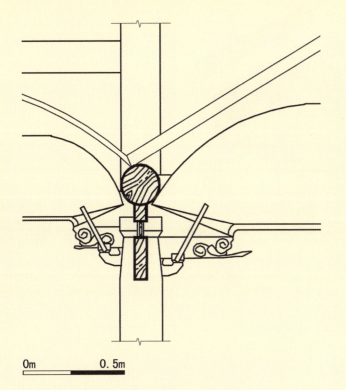

◆ 东莱草堂轩梁与内四界大梁的交接处

◆ 东莱草堂轩梁与内四界大梁的交接处

◆ 东莱草堂室内梁架

◆ 东莱草堂模型

三、艺圃现状测绘图 111

◆ 思敬居在园中的位置

◆ 思敬居平面图

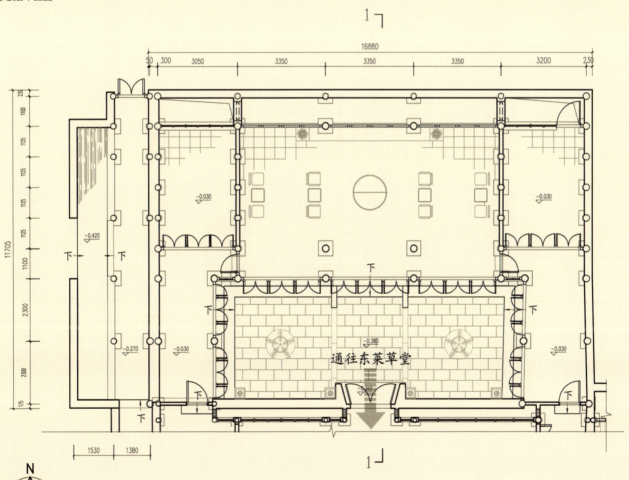

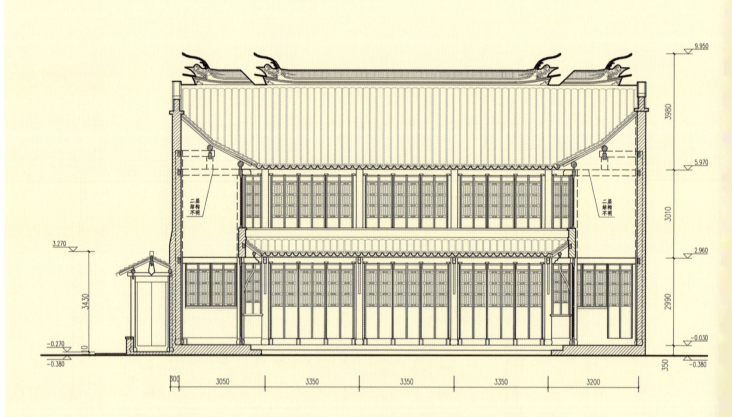

◆ 思敬居南立面图

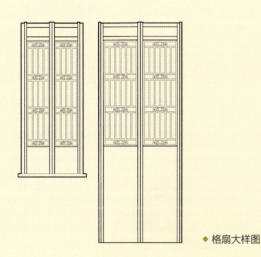

◆ 格扇大样图

◆ 思敬居 I-I 剖面图

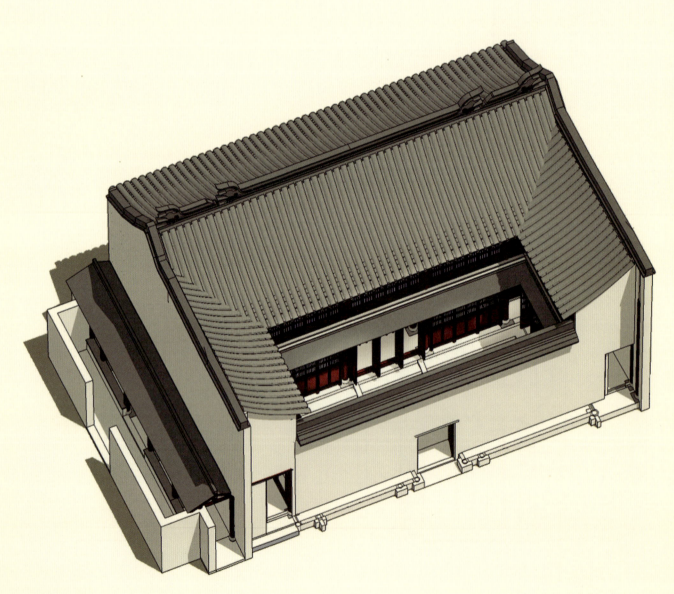

◆ "思敬居"模型

三、艺圃现状测绘图 115

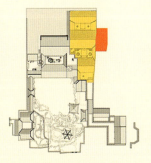

◆ 䏻饦斋在园中的位置

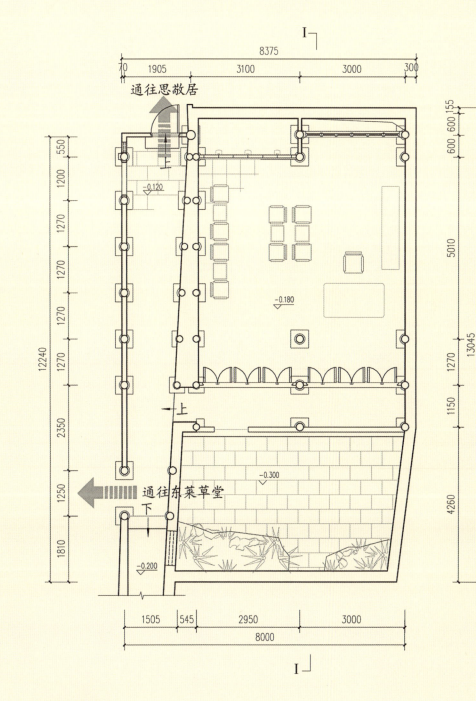

0m 1m 2m

◆ 䏻饦斋平面图

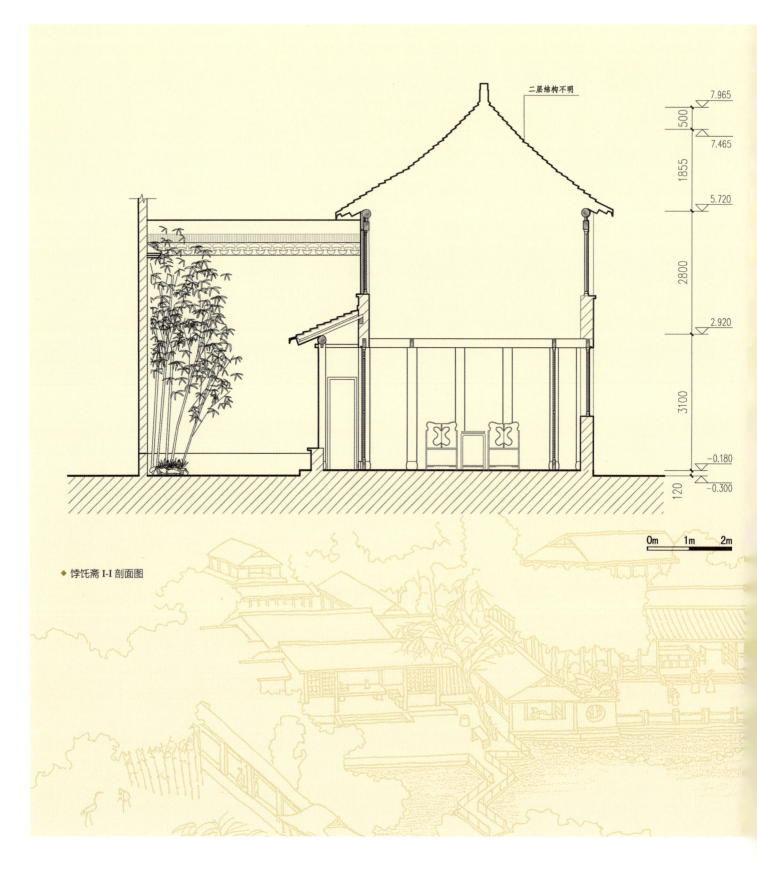

◆ 乳钙斋 I-I 剖面图

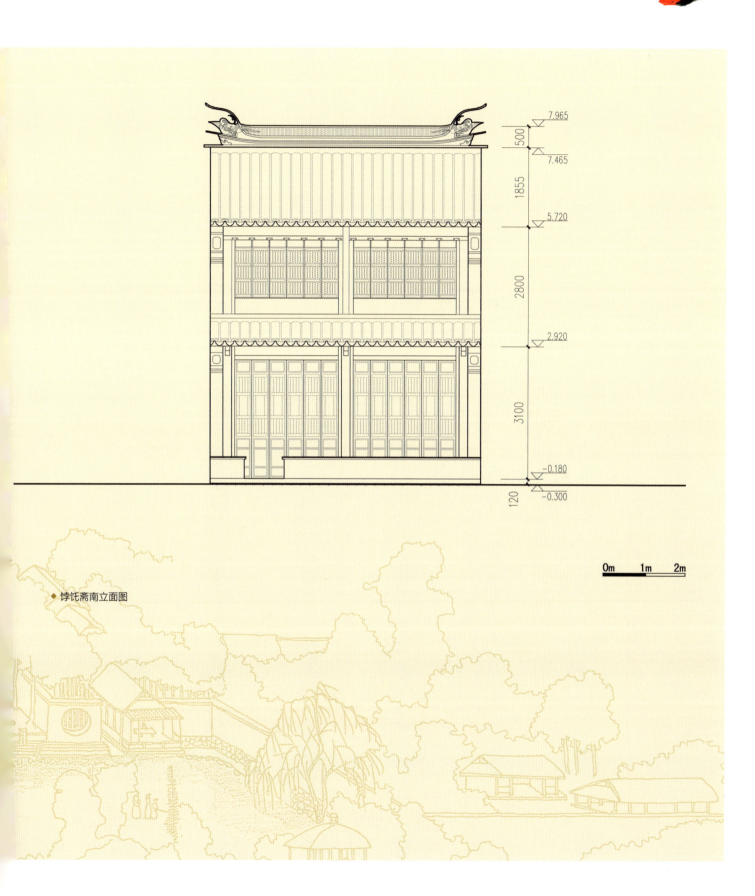

◆ 饾饦斋南立面图

世纶堂

◆ 艺圃 II-II 剖面图

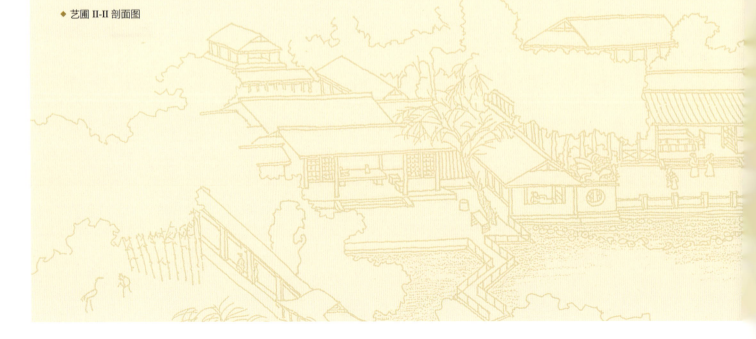

三、艺圃现状测绘图 119

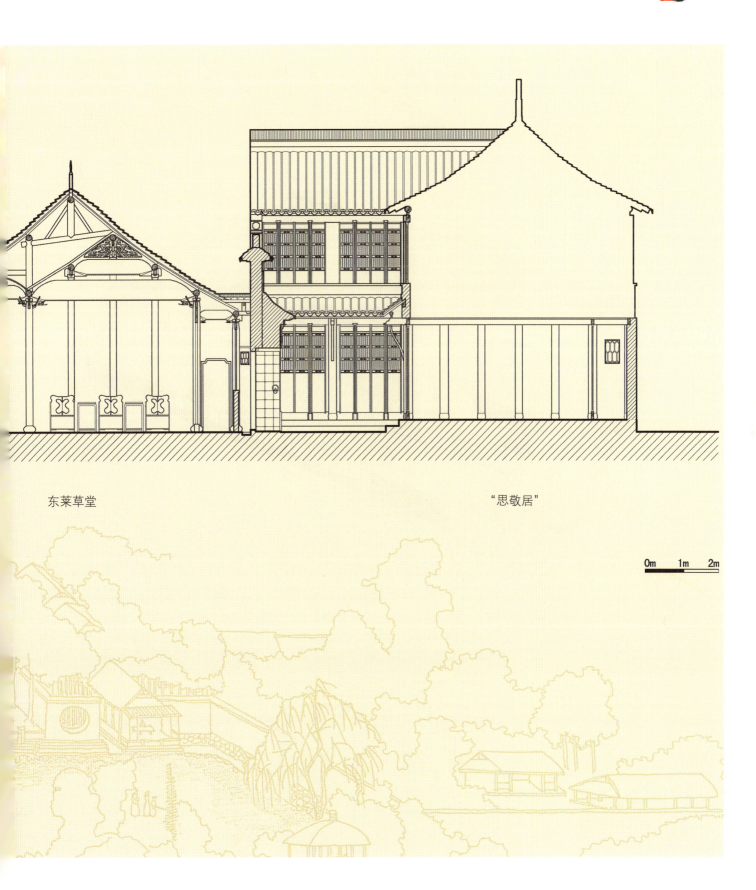

东莱草堂　　　　　　　　　　　　　　　　"思敬居"

艺圃·博雅堂-水榭部分

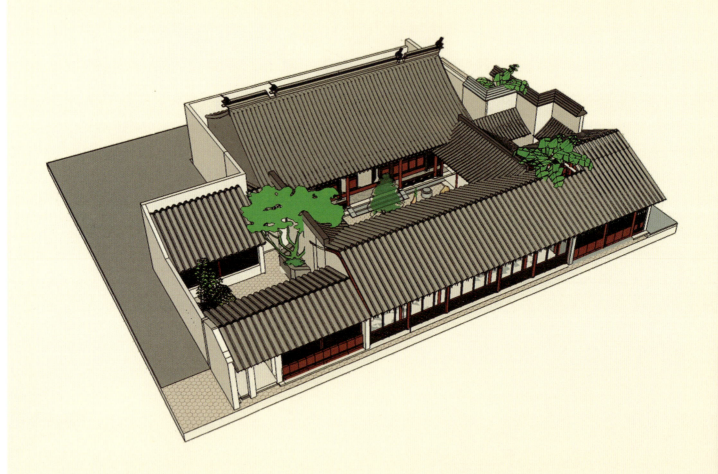

三、艺圃现状测绘图 121

博雅堂-水榭部分

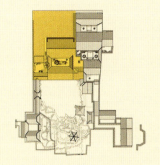

◆ 博雅堂-水榭部分在园中的位置

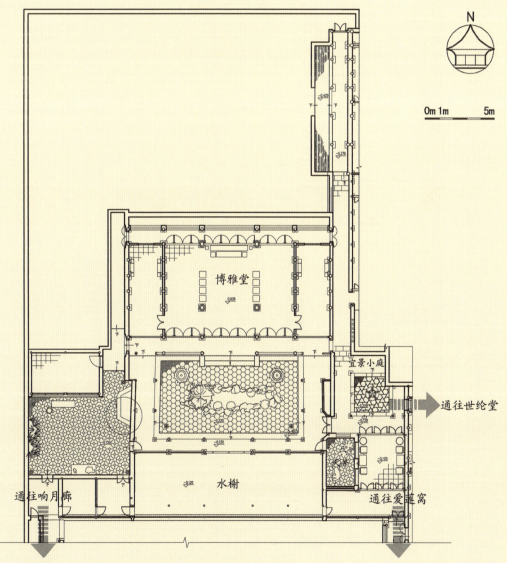

◆ 博雅堂-水榭部分平面图

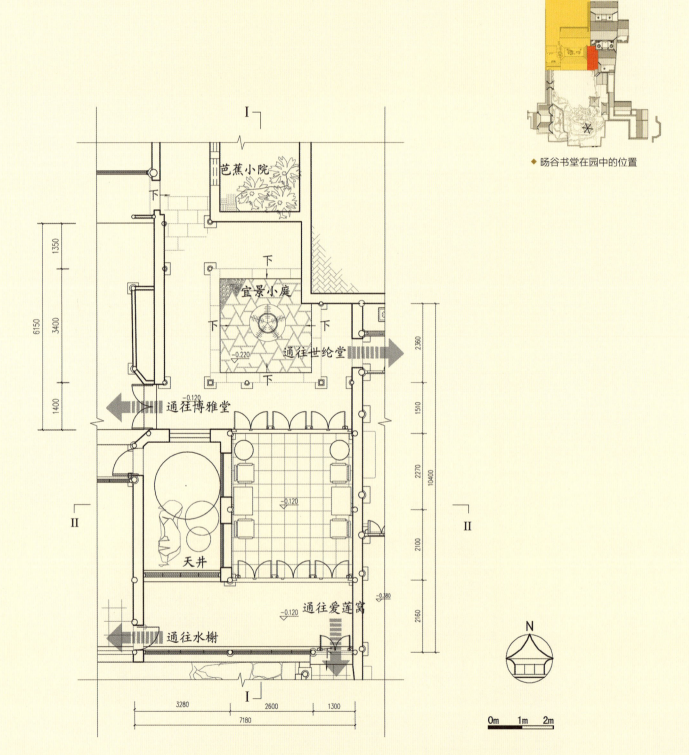

◆ 旸谷书堂在园中的位置

◆ 旸谷书堂平面图

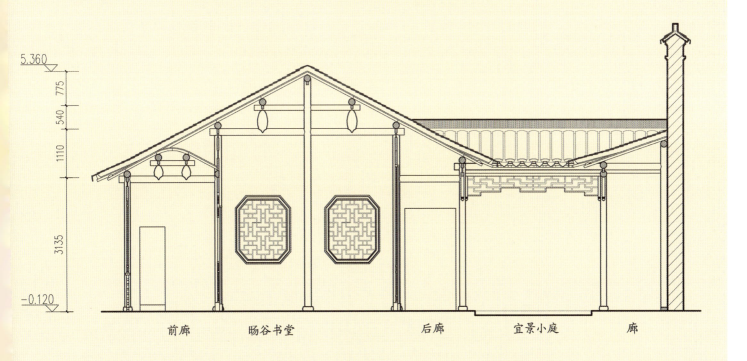

◆ 旸谷书堂 I-I 剖面图

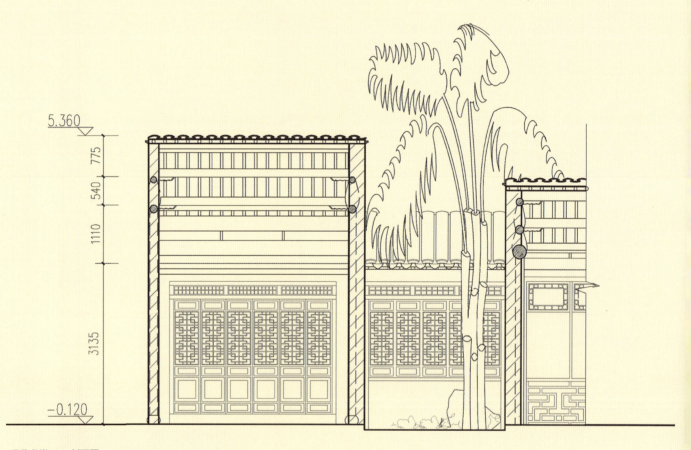

◆ 旸谷书堂 II-II 剖面图

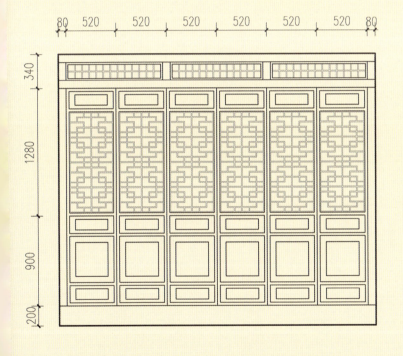
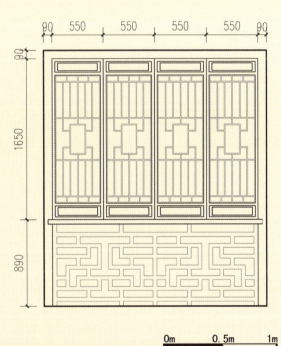

◆ 旸谷书堂格扇大样图

◆ 博雅堂在园中的位置

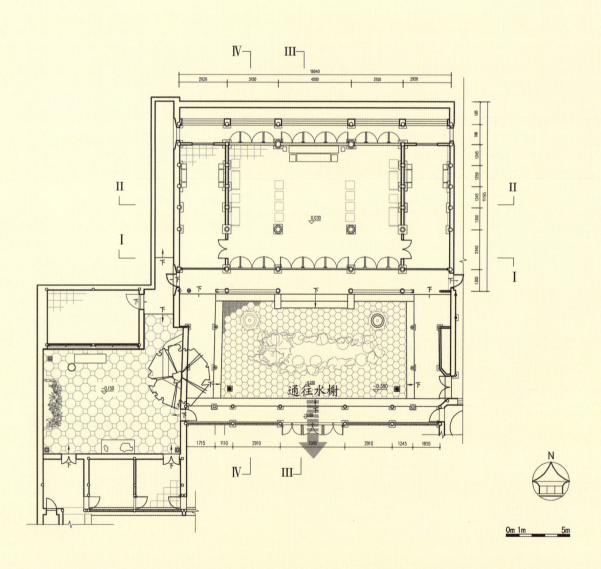

◆ 博雅堂平面图

三、艺圃现状测绘图 • 127

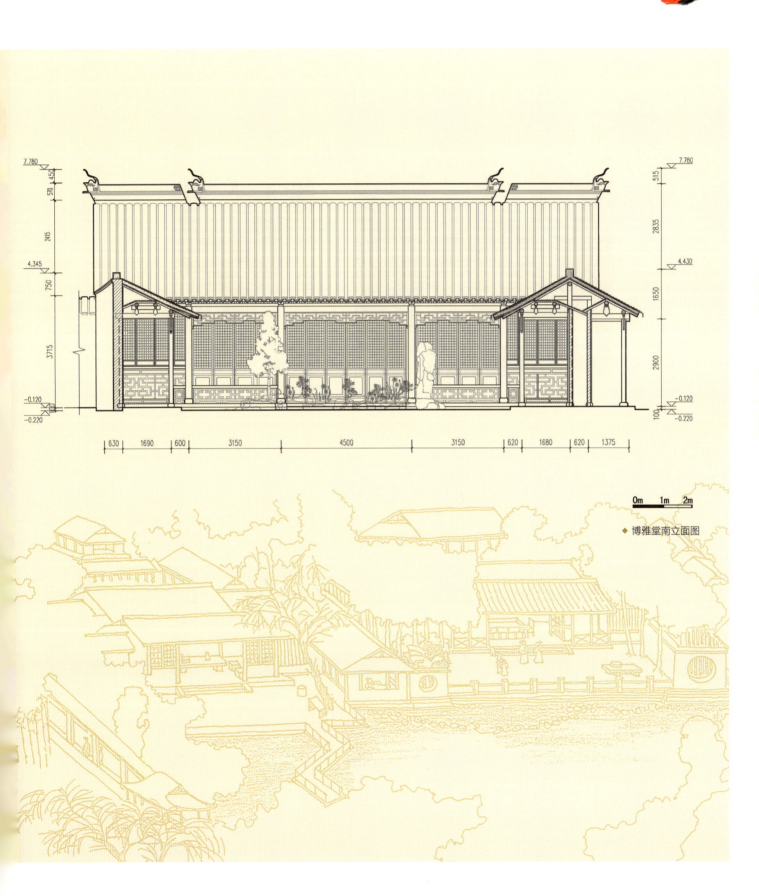

◆ 博雅堂南立面图

◆ 博雅堂的轩

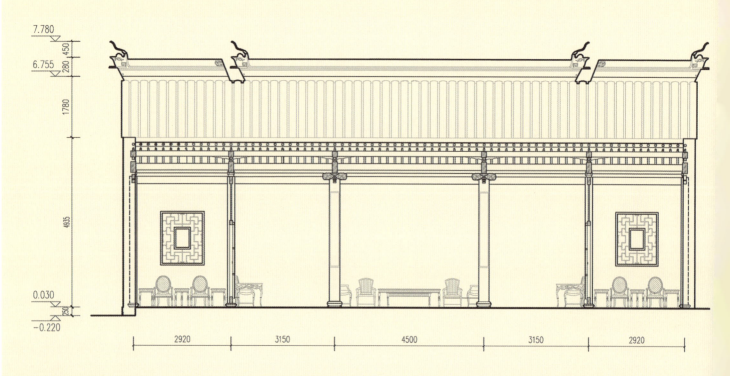

◆ 博雅堂 I-I 纵向剖面图

三、艺圃现状测绘图 • **129**

◆ 博雅堂室内

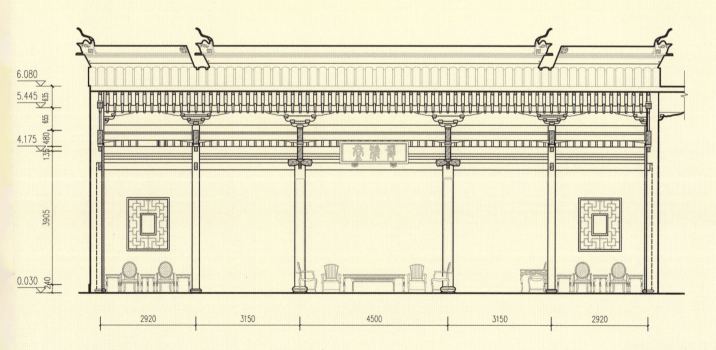

◆ 博雅堂 II-II 纵向剖面图

◆ 博雅堂梁架

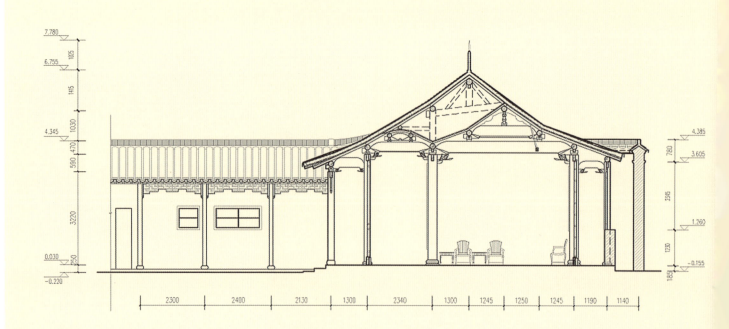

◆ 博雅堂 III-III 横向剖面图

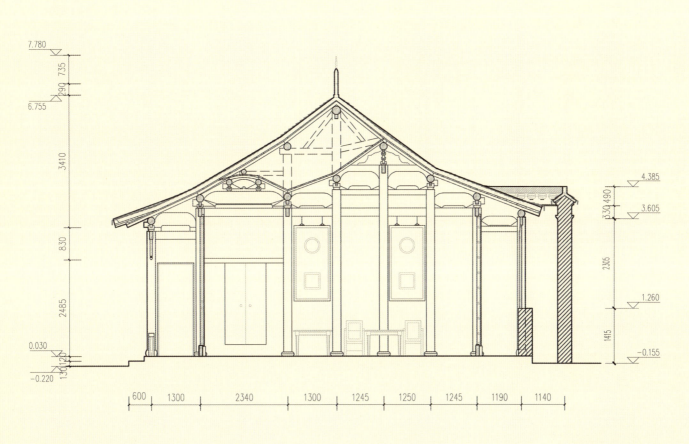

◆ 博雅堂横向剖面图

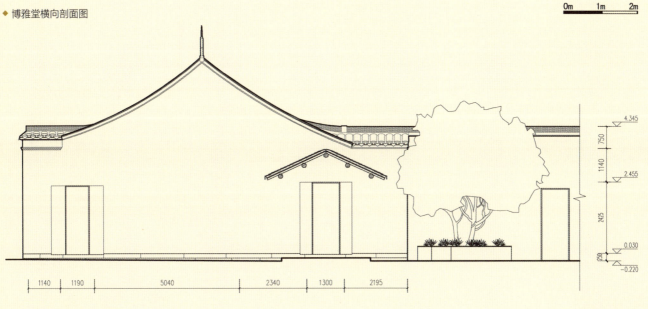

◆ 博雅堂西立面图

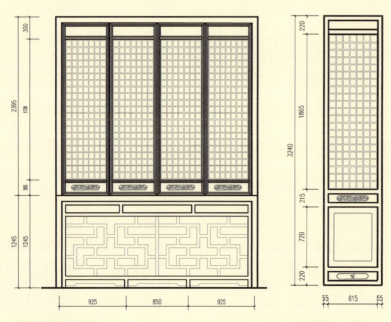

◆ 博雅堂半窗大样图

◆ 博雅堂格扇大样图

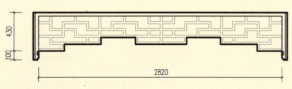

◆ 博雅堂南立面次间挂落大样图

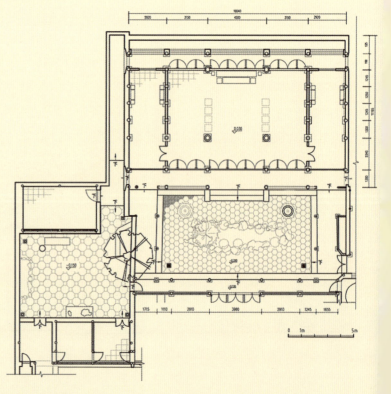

◆ 博雅堂平面图

三、艺圃现状测绘图 ◆ *133*

◆ 水榭在园中的位置

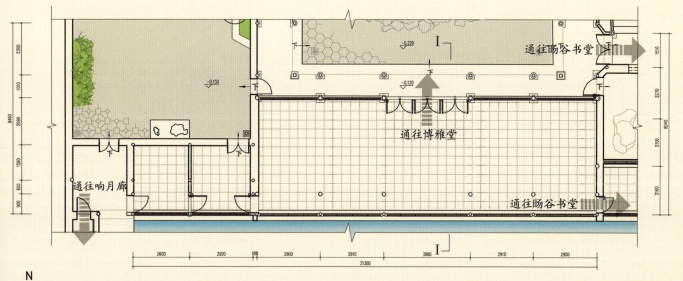

0m 1m 2m

◆ 水榭平面图

◆ 水榭内部梁架

◆ 水榭 I-I 剖面图

◆ 水榭北立面图

三、艺圃现状测绘图　135

◆ 水榭

◆ 水榭南立面图

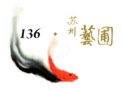

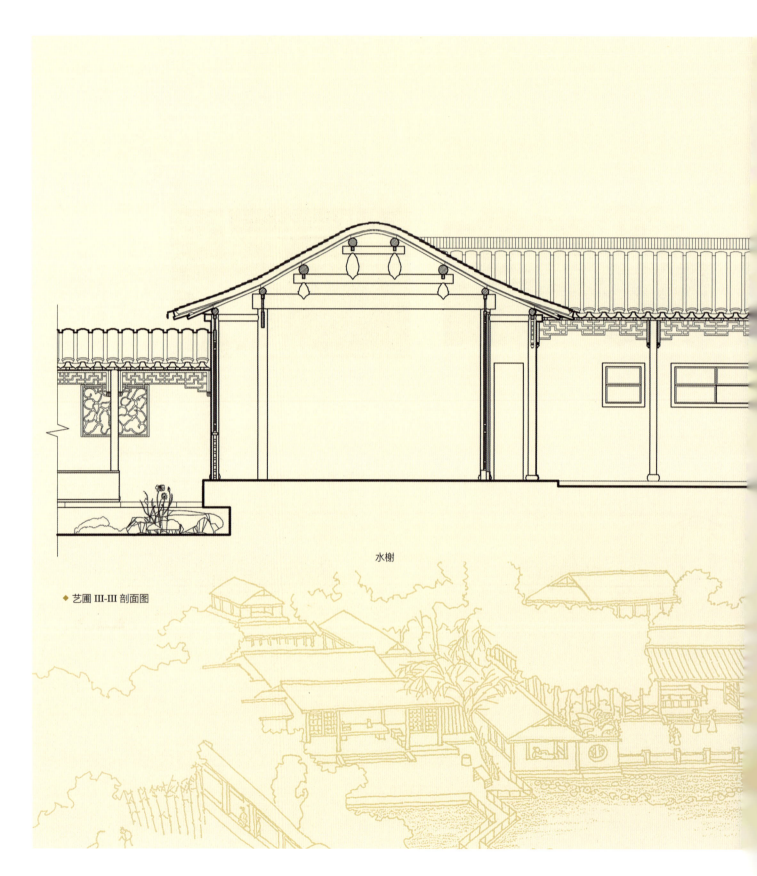

水榭

◆ 艺圃 III-III 剖面图

博雅堂

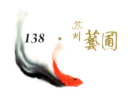

艺圃 · 响月廊部分

三、艺圃现状测绘图 • **139**

响月廊部分

◆ 响月廊平面图

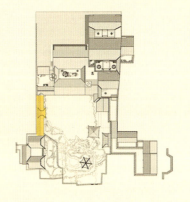

◆ 响月廊在园中的位置

0m　1m　2m

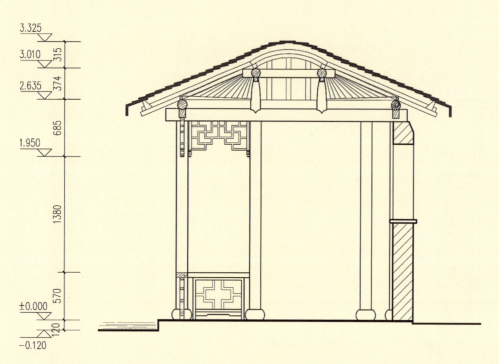

◆ 响月廊 I-I 剖面图

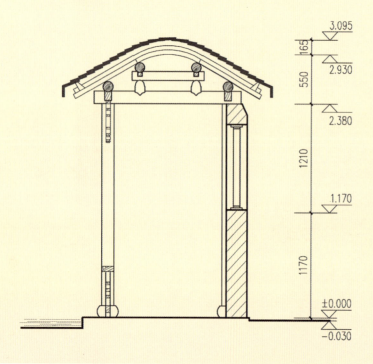

◆ 响月廊 II-II 剖面图

三、艺圃现状测绘图 141

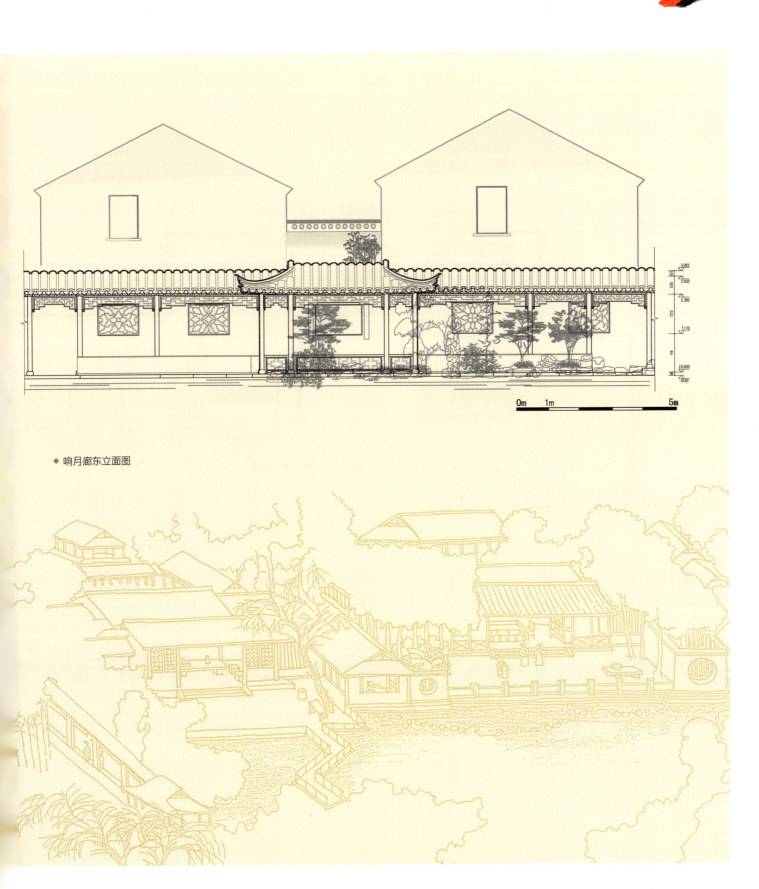

◆ 响月廊东立面图

艺圃·香草居-南斋部分

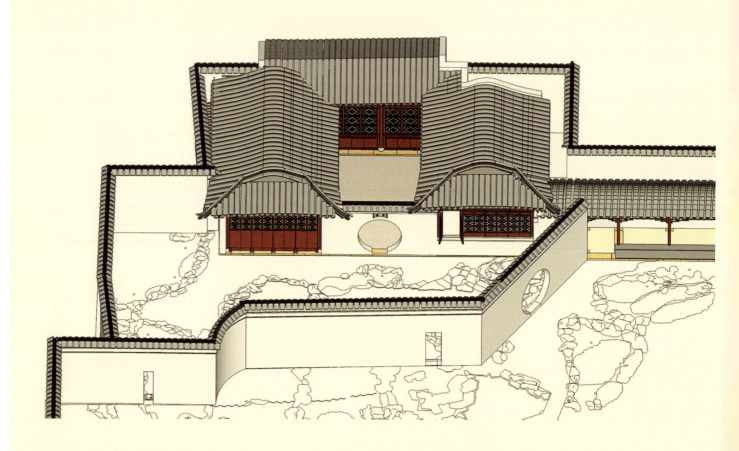

三、艺圃现状测绘图　143

香草居-南斋部分

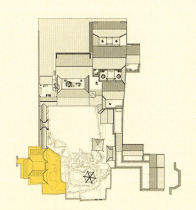

◆ 香草居-南斋部分在园中的位置

◆ 香草居、南斋、鹤柴平面图

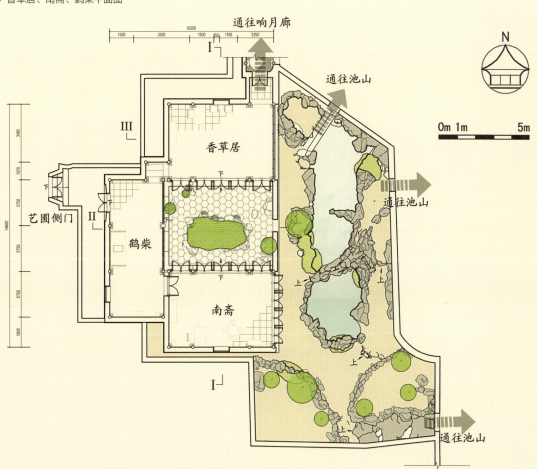

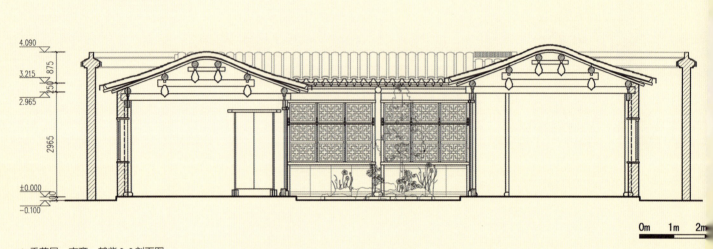

◆ 香草居、南斋、鹤柴 I-I 剖面图

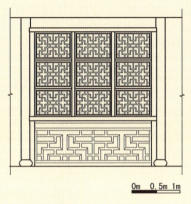

◆ 和合窗大样图

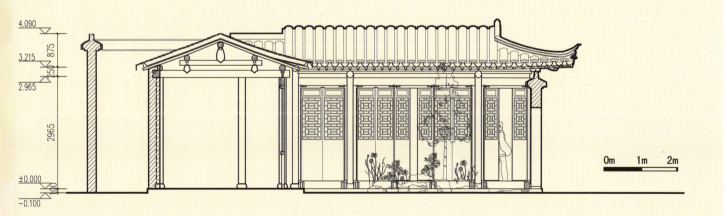

◆ 香草居、南斋、鹤柴 II-II 剖面图

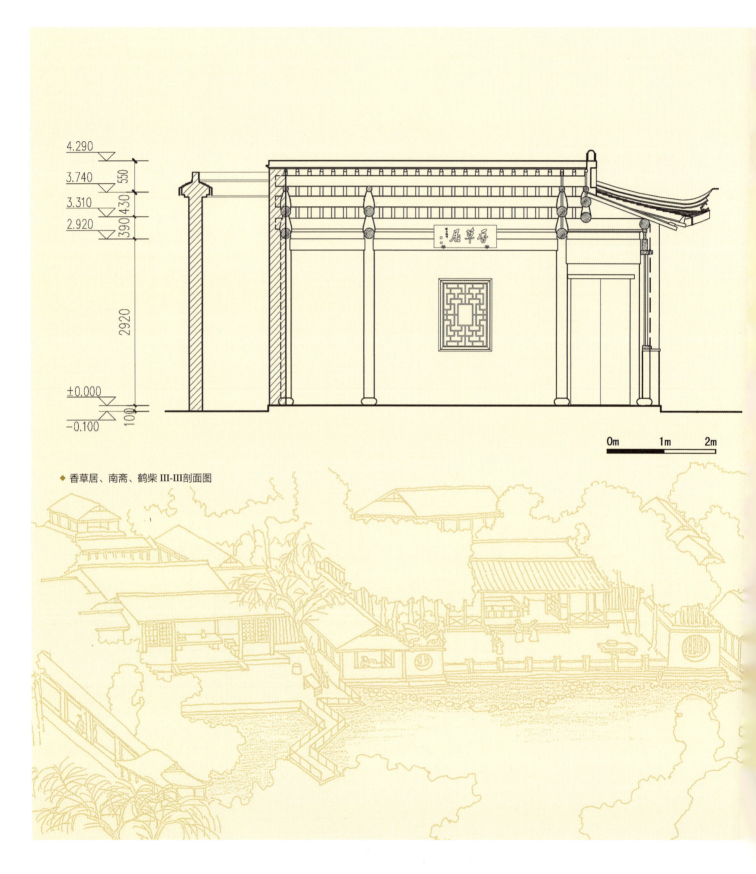

◆ 香草居、南斋、鹤柴 III-III 剖面图

三、艺圃现状测绘图　147

◆ 南斋东面

◆ 浴鸥小园

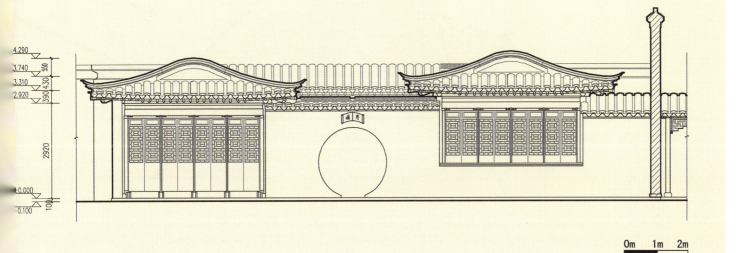
◆ 香草居、南斋东立面图

艺圃·乳鱼亭、思嗜轩、爱莲窝部分

三、艺圃现状测绘图

乳鱼亭、思嗜轩、爱莲窝部分

◆ 乳鱼亭、思嗜轩、爱莲窝在园中的位置

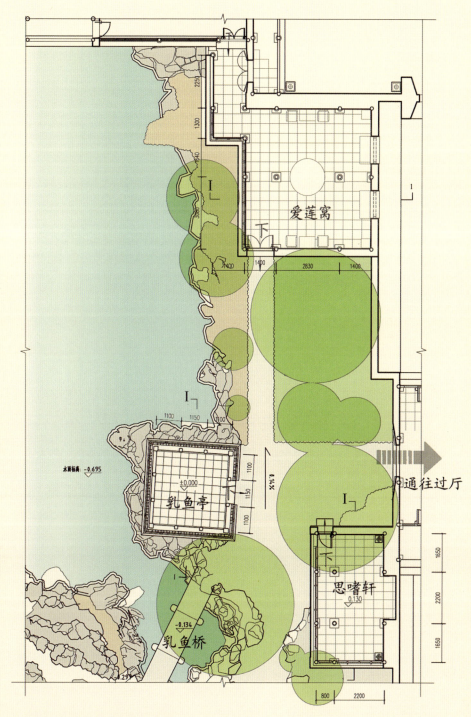

◆ 乳鱼亭、思嗜轩、爱莲窝局部平面图

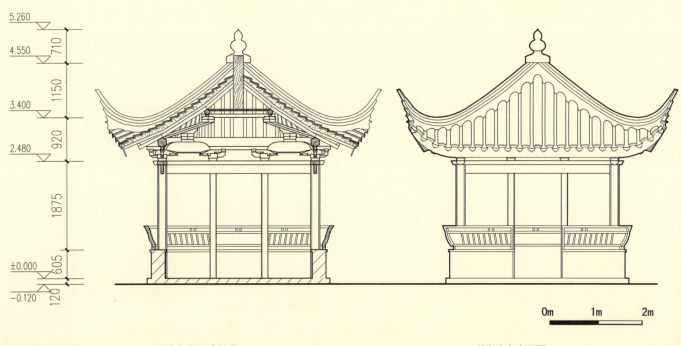

◆ 乳鱼亭 I-I 剖面图　　　　　　　　　　　◆ 乳鱼亭东立面图

三、艺圃现状测绘图 · 151

◆ 乳鱼亭天花

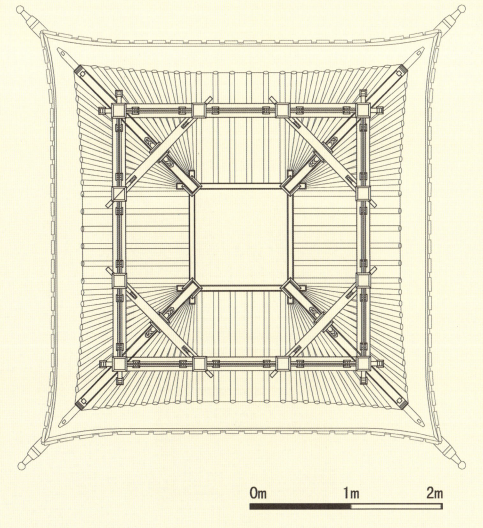

0m　　1m　　2m

◆ 乳鱼亭梁架仰视图

◆ 乳鱼亭模型

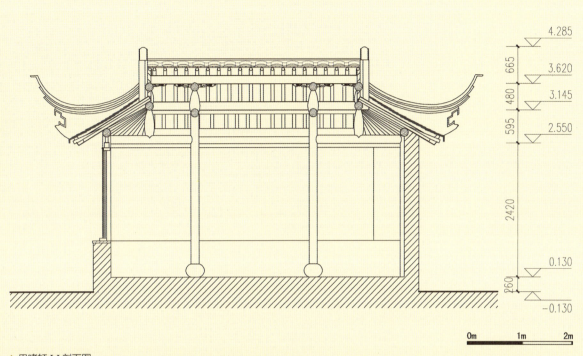

◆ 思嗜轩 I-I 剖面图

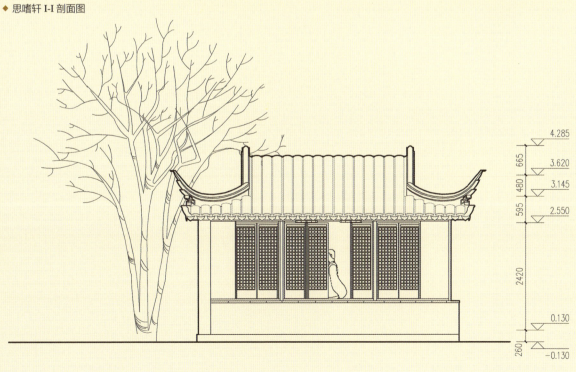

◆ 思嗜轩西立面图

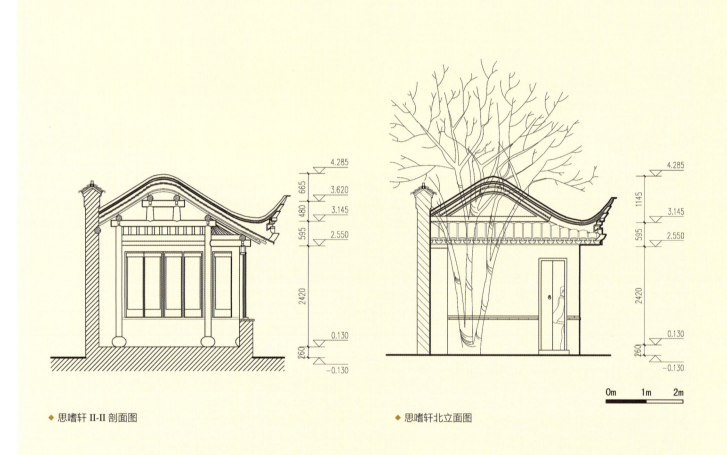

◆ 思嗜轩 II-II 剖面图

◆ 思嗜轩北立面图

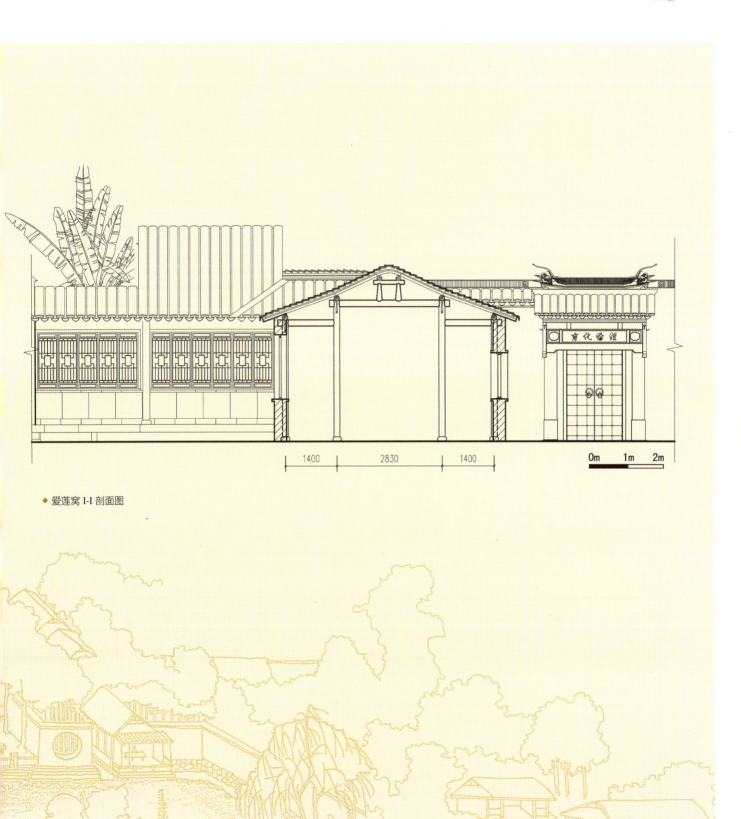

◆ 爱莲窝 I-I 剖面图

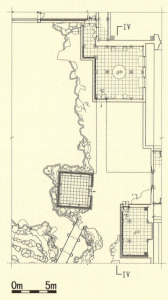

◆ 剖面索引图

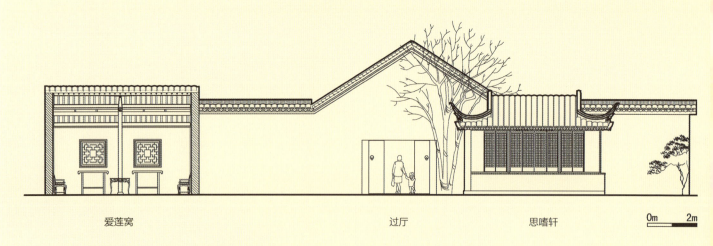

爱莲窝　　　　　　　　　　过厅　　　　　　　　思嗜轩

◆ 艺圃 IV-IV 剖面图

肆

四、附录

附录一　艺圃历史文献辑录

目　录

1. 《颐圃记》，[明]姜埰，《敬亭集》
2. 《疎柳亭记》，[明]姜埰，《敬亭集》
3. 《艺圃》，[明]姜埰，《敬亭集》
4. 《园居杂咏八首》，[明]姜埰，《敬亭集》
5. 《敬亭山房记》，[清]魏禧，《魏叔子文集·外编卷之十六》
6. 《敬亭山房记》，[清]归庄，《归庄集·卷六》
7. 《跋姜给谏廎额后》，[清]归庄，《归庄集·卷四》
8. 《姜氏艺圃记》，[清]汪琬，《文渊阁四库全书·集部·别集类·尧峰文钞·卷二十三》
9. 《艺圃后记》，[清]汪琬，《同治苏州府志·卷四十五》
10. 《姜子学在所居即文文肃公药圃也，感赋二首》，[清]汪琬，《文渊阁四库全书·集部·别集类·尧峰文钞·卷四十八》
11. 《再题姜氏艺圃》，[清]汪琬，《文渊阁四库全书·集部·别集类·尧峰文钞·卷四十八》
12. 《思嗜轩诗并序》，[清]汪琬，《文渊阁四库全书·集部·别集类·尧峰文钞·卷二》
13. 《艺圃十咏》，[清]汪琬，《文渊阁四库全书·集部·别集类·尧峰文钞·卷二》
14. 《艺圃杂咏》，[清]王士祯，《精华录》
15. 《和艺圃十二咏寄姜仲子学在》，[清]施闰章，《文渊阁四库全书·集部·别集类·学馀堂文集–诗集·卷十三》
16. [清]徐崧、张大纯纂辑，《百城烟水·卷二·吴县·思嗜轩》，江苏古籍出版社，1999年
17. [清]徐崧、张大纯纂辑，《百城烟水·卷二·吴县·停云馆》，江苏古籍出版社，1999年
18. 《念祖堂记》，[清]黄宗羲，《南雷文案·卷二》
19. 《民国吴县志·卷三十九上·舆地考·第宅园林》"文文肃公震孟宅"
20. 《民国吴县志·卷三十九上·舆地考·第宅园林》"香草坨"
21. 《民国吴县志·卷三十九下·舆地考·第宅园林》"谏草楼"
22. 《民国吴县志·卷三十六·舆地考·寺观》"宝林禅寺"
23. 《七襄公所记》，[清]杨文荪（碑拓）
24. 《艺圃重修记》，苏州市人民政府立，公元一九八九年十月
25. 刘敦桢，《苏州古典园林》中国建筑工业出版社，1979年
26. 《明史·卷二百五十一·列传第一百三十九·文震孟》
27. 《文文肃公传》，[清]汪琬，《文渊阁四库全书·集部·别集类·尧峰文钞·卷三十五》
28. 《明史·卷二百五十八·列传第一百四十六·姜埰》
29. [明] 顾苓，《武英殿中书舍人致仕文公行状》
30. 《民国吴县志·卷六十八·传·列传六·汪琬》

1. 颐圃记
[明]姜埰　《敬亭集》

颐圃者，宪副袁公之故宅也，其地为姑苏城之西北偏，去阊门不数百武，阛阓之冲折而入杳冥之墟，地广十亩，屋宇绝少，荒烟废沼，疏柳杂木，不大可观。故吴中士大夫往往不乐居此，惟贩夫庸卒，编草为室，繇其道以达于门，居之宜。不知宪副何取而有之？其后再归相国文公。相国自为孝廉，登巍科，陟翰苑，迄忤珰罢相归。忧乐歌哭于斯，两先生彪炳千秋，穷约不变，至今文人墨士，览故老之遗文，对旧燕之巢幕，未尝不望衡宇而唏嘘，瞩井臼而慨息也。

己亥之夏，鼍鼓不靖，余踉跄适吴，僦山塘之委巷，初不求承风访迹，窃芳躅于两先生之末席。吾友芸斋周子忽一旦操券而至，于我乎处。余谓凡天下之无所求而为之者，必天地之气之相感以成其心志之合。宪副四十投簪，耽情禽鱼，此一地也，署曰："城市山林"，是非独不求仕宦也，亦不求必入山林。相国杜门埽轨，屏居莳植，亦此一地也，署曰："药圃"，是非独不求三公之荣也，亦不求平泉之乐。余既无以谢周子，则更署之曰"颐圃"。在《易》之"颐"曰："贞吉，自求口实"。夫求诸己而不求于人，庶几两先生之无所求而为之者欤？

闻之形家者言，八宅骊珠次于离，当有文昌坐位，居者多贵而贫。相国每语人曰："吾生平命骨，地脉使然"。夫两先生之居其地也，无所求而为之。若夫处穷约，则两先生心志之所存也。余不敏，不逮两先生远甚，惟处穷约则一。凡余之无所求而为之者，岂亦命骨地脉叶天地感召之气？然附两先生之后尘，以自见其心志，则余之幸也夫。是为记。

2. 疏柳亭记
[明]姜埰　《敬亭集》

余弟考功易箦吴门，以藐孤相托，余时寓真州。及己亥之变，踉跄渡江，因属老友为余卜居。老友奔折五六月，卜文相国之故宅居余。宅与考功易箦地相近，余屡过之，不意遂为余宅。

东西数椽临水，若齿，若都稚，若仓府，若鸟之翼，若丛草孤屿之舟。相国意本萧疏，兵燹之后，即世纶堂、石经阁皆荡然，惟古柳四五株，则数十年物。余作草堂三楹，颜之曰"疏柳"，志旧也；颜其堂曰"东莱草堂"，颜其房曰"敬亭山房"。余生死之义尽斯矣，岂独相国兴废感慨之故乎？其后若干年，竟居宛陵。

3. 艺圃
[明]姜埰　《敬亭集》

画角江城北，青莲古寺西。晴川孤鹜下，杂木乱峰迷。
野望频敷席，山行但杖藜。竹关终日掩，无事此幽栖。

4. 园居杂咏八首[1]
[明]姜埰 《敬亭集》

地僻柴门静，天寒树色迟。药栏添处处，岸柳插枝枝。
屋宇仍三瓦，风花自四时。却看春雨后，乐意正蘩滋。

冻柳冰初解，山梅雨蚤逢。家缘需岁计，农事毕冬春。
霍肉陪穗远，春罂谏果浓。自从痊可后，手把百壶重。

老去情安寄，春来病乍苏。天伦看竹马，地脉坐骊珠。
庄舄还思越，梁鸿竟适吴。沧浪亭子在，能比舜钦无。

字已三年灭，心归一寸灰。老年堪曳杖，暮岁偶登台。
玉管南邻出，仙盘北地来。寄言簪笏客，莫待凿颜坏。

城市情多远，沧州意已违。鸡豚残腊具，书札故人稀。
风起鸢愁啸，沙寒雁乱飞。嵇康真嬾绝，镇日掩柴扉。

睥睨缘西北，城头起暮笳。寒催残腊日，春待故枝花。
每忆从前鹤有二鹤逸去，常看傍晚霞。不须更招隐，地僻即山家。

五岳吾将住，殷勤别故林。家无雏下犬，子乏陆生金。
东郡松楸梦，南天瘴疠心。此怀永不寐，洒泪每沾襟。

夜雪捎簷入，琼瑶满目看。关山沙地阔，湖海水城寒。
糠秕从无计，霜风浑欲安。却嫌缘霤日，滴滴不曾干。

5. 敬亭山房记
[清]魏禧 《魏叔子文集·外编卷之十六》

《民国吴县志·卷三十九·舆地考·第宅园林》"艺圃"条下亦录有此文

登州姜如农先生有别业在吴门，曰敬亭山房。敬亭者，宣城之山也。盖先生以直言忤旨廷杖，诏免死，戍宣州卫，未几国变，先生曰："君不可以归也。"转徙浙东，久之侨吴门，得故相国文文肃公园居之，曰："我宣州一老卒，君恩免死之地，死不敢忘。"遂以敬亭榜其堂云。当崇祯季年，先帝焦劳，锐于为治，臣下不称任使，负上意，上浸疑群臣不可信，而言路是非贸乱，一二直言敢谏之臣，又多议论失平，或迂疏无裨实用，上数有贬斥，疾威之下，罚不当罪者有之。从古偏听生奸，诛斥谏臣者往往至亡国。先帝不幸国亡，人每追咎于斥谏臣之故。然其得失，要当分别论列，不可徒徇君子虚名，全归其过君父。先生时有名臣，亦尝论时相，退而补牍，与面奏语前后不相蒙，上震怒，以为欺罔，几抵极刑，是以持两端得罪，其事与先生不同，而国亡后犹悻悻然不能释其怼怨，先生盖不仅加人一等矣。先生抱膝读书山房中，不与世事者三十年。有二子甚才，教以古人之学。予至吴，慕其义，先谒先生，而先生油油然和且直，又若未尝身之为忠节然者。予因叹近世士大夫，登巍科，跻显仕，则德其座主及主爵之吏，稍有降黜，则怨君父，至迁

[1]《园居杂咏八首》及其他诗作中提及艺圃中的多种植物。植物名称下的下划线为著者所加（下文同）。

谪外地,乃悍然敢不至官,而大吏且以贤能称职,首登荐疏,虽世所称贤者亦不免。嗟乎,天子可贵人,亦可贱人;可予人,亦可夺人也。善则归己,德则归他人,而过与怨则归君父,臣子之用心,当如是邪?先生名埰,中崇祯辛未进士,令仪真以最,擢礼科给事中。山房故美林水,前此为文肃公药圃,又前此为副使袁公祖庚之醉颖堂。三公者皆贤人,吾将比柳子之贺丘遭也,遂因仲君实节之请为之记。

6. 敬亭山房记
[清]归庄　《归庄集·卷六》

莱阳姜如农先生之寓吴门,名其居曰敬亭山房,其仲子实节属予为之记。余叩其名山房之意,即以先生于崇祯间,以给谏疏劾宜兴相国得罪,谪戍宣州卫。宣州有敬亭山,先生遂自号敬亭山人,因以名其居也。先生之疏已削稿,大略言其弄权纳贿,引用邪党,朋比为奸。时嘉鱼熊大行亦疏劾宜兴,烈皇帝以二人谤讪大臣,下诏狱,捶掠严酷,大臣力救,得移刑部狱。既拟谪戍,复各杖之百,垂毙,仍系之。后一年馀,始得释。夫始不知辅臣之奸,故罪言者,然刑亦已滥矣;已而辅臣自败,滮水加剑,既伏其辜,则劾者之言既验,宜亟加褒赏。而犹久锢之狱,烈皇帝毋乃成见未化而吝于改过欤。熊公每言及先朝,不能无恨;而先生绝无怨怼君父之心,国亡之后,犹不忘戍所,以敬亭为号,若曰:"我宣州之老卒也。"先生可谓厚矣。甲申京师之变,群臣攀龙髯而上者二十人,省垣惟新昌吴忠节公一人耳。使先生在任,其慷慨殉节,必不后于新昌。既已遣谪,则遁于荒野,亦可以自靖矣。青、齐故土,已先沦陷,故避地吴中而居山房,山房盖相国文文肃公之故宅云。夫宜兴之败也,以受东师之贿,而戒关门守将勿得加一矢,于是辎重兵马安行出塞。宜兴诛死,而已无救于败亡。烈皇帝早听忠言,岂至是哉!自甲申至今二十有九年矣。先生犹得以先朝遗老栖迟山房,以尽馀年,岂非幸欤。先生之不忘先朝,忠也;实节之求予记以表先生之节,孝也。予故推先生名山房之意而追及往事;若夫池亭花石之胜,不过文氏之旧观,而宣州之故实,谢朓李白之风流,又何足为先生道哉!

壬子[1]三月日,昆山归庄记。

7. 跋姜给谏匾额后
[清]归庄　《归庄集·卷四》

给谏莱阳姜如农先生,流寓吴中,所居乃故文文肃公之药圃。公以天启壬戌状元及第,崇祯中入阁,二月而罢归。圃之名始于万历末年,公未第之时,至今五十年有馀年矣,而药圃之先为袁宪副绳之之居。宪副中嘉靖辛丑进士,强仕之年,即弃官归,以其居有池台花竹之胜,颜其楣曰城市山林。与袁安节公抑之、陈方伯子兼、冯抚州信伯辈,觞咏其中,自辛丑至今,盖百有三十馀年矣[2]。今先生之流寓吴中,虽陵谷变迁,而此地之池台花竹,犹夫昔也。先生有慕前辈风流,追仍其故额,而命庄复书之。夫城市山林之为药圃,此有明将衰之际也;药圃之复为城市山林,则鼎迁而社屋久矣。望文肃之世,已如隆古,况宪副之时乎?知先生居此,不能无所感矣。然吾闻昔年莱阳之破,杀戮甚惨,先生方以建言拜

[1] 壬子为清康熙十一年(1672年)。
[2] 此文亦应作于清康熙十一年(1672年)。

杖下狱，出狱之后，即避地江南，兵戈云扰，幸得无恙，而栖迟于数亩之园，尘事不闻，俗客罕至，可以避世，可以娱老，何必桃源、商山哉？书额讫，聊志数语于后。

8. 姜氏艺圃记
[清]汪琬　《文渊阁四库全书·集部·别集类·尧峰文钞·卷二十三》

艺圃者，前给事中莱阳姜贞毅先生之侨寓也。吾吴郡治西北隅，固商贾阛阓之区，尘嚣湫隘，居者苦之，而兹圃介其间，特以胜著。圃之中，为堂为轩者各三，为楼为阁者各二，为斋为窝为居为廊为山房为池馆、村柴、亭台、略彴之属者，又各居其一。予尝取其大凡，则方广而弥漫者，莫如池；迤逦而深蔚者，莫如村；高明而敞达者，莫如山巅之台；曲折而工丽者，莫如仲子肄业之馆若轩。至于奇花珍卉，幽泉怪石，相与掩蔼乎几席之下；百岁之藤，千章之木，干宵架壑；林栖之鸟，水宿之禽，朝吟夕哢，相与错杂乎室庐之旁。……盖兹圃得名也久矣，圃之主人亦屡易。其始则有袁副使绳之，以高蹈闻于前；其次则有文文肃公父子，以刚方义烈著于后。今贞毅先生，复用先朝名谏官优游卒岁乎此，而其两子则以读书好士、风流尔雅者绍其绪而广大之。马蹄车辙，日夜到门，高贤胜境，交相为重，何惑乎四方骚人墨士，乐于形诸咏歌，见诸图绘，讫二十馀年而顾益盛与？不然，吴中园居相望，大抵涂饰土木，以贮歌舞，而夸财力之有馀，彼皆鹿鹿妄庸人之所尚耳，行且荡为冷风，化为蔓草矣，何足道哉！何足道哉！

9. 艺圃后记
[清]汪琬　《同治苏州府志·卷四十五》

艺圃纵横凡若干步，甫入门，而径有桐数十本，桐尽得重屋三楹间，曰延光阁。稍进则曰东莱草堂，圃之主人延见宾客之所也。主人世居于莱，虽侨吴中而犹存其颜，示不忘也。逾堂而右，曰馎饦斋。折而左，方池二亩许，莲荷蒲柳之属甚茂。面池为屋五楹间，曰念祖堂，主人岁时伏腊祭祀燕享之所也。堂之前为广庭，左穴垣而入，曰旸谷书堂，曰爱莲窝，主人伯子讲学之所也。堂之后，曰四时读书乐楼，曰香草居，则仲子之故塾也。由堂庑迤而右，曰敬亭山房，主人盖尝以谏官言事，谪戍宣城，虽未行，及其老而追念君恩，故取宣之山以志也。馆曰红鹅，轩曰六松，又皆仲子读书行我之所也。轩曰改过，阁曰绣佛，则在山房之北。廊曰响月，则又在其西。横三折板于池上，为略彴以行，曰度香桥。桥之南，则南村、鹤柴皆聚焉。中间垒土为山，登其颠稍夷，曰朝爽台。山麓水涯，群峰十数，最高与念祖堂相向者，曰垂云峰。有亭直爱莲窝者，曰乳鱼亭。山之西南，主人尝植枣数枝，翼之以轩，曰思嗜，伯子构之以思其亲者也。今伯子与其弟又将除改过轩之侧筑重屋，以藏主人遗集，曰谏草楼，方鸠工而未落也。圃之大凡如此。主人谓谁？前《记》所谓姜贞毅先生是也。以艺名其圃者，主人；而命予为之记者，仲子也。仲子名实节，字学在。馀悉载前《记》中，不复著云。

10. 姜子学在所居即文文肃公药圃也，感赋二首
[清]汪琬　《文渊阁四库全书·集部·别集类·尧峰文钞·卷四十八》

曾为安石墅，屣步倍凄然。苔没围棊石，萍侵洗砚泉。
桥心攲断版，亭面拄危椽。依旧烟波好，年年艳渚莲。

东山高卧日，亭馆迥参差。竹影团书几，花香入酒卮。
地邻侠士冢，名在党人碑。门客今零落，犹传妓从时。

11. 再题姜氏艺圃
[清]汪琬　《文渊阁四库全书·集部·别集类·尧峰文钞·卷四十八》

隔断城西市语哗，幽栖绝似野人家。屋头枣结离离实，池岸萍浮艳艳花。
棐几只摊淳化帖，雪瓯频试敬亭茶。与君企脚挥谈尘，杨柳荫中日渐斜。

12. 思嗜轩诗并序
[清]汪琬　《文渊阁四库全书·集部·别集类·尧峰文钞·卷二》

故贞毅先生于所居艺圃中植枣树数株，长君勉中，遂以思嗜名其轩。诸君子各赠诗画，予亦赋一首。

中庭枣实何离离，先生去矣不可追。
平生绝似子曾子，每逢剥枣朵我颐。
郎君能泣蓼莪[1]句，秋霜春露凄然处。
目望昭亭墓上云，手扳艺圃池头树。

13. 艺圃十咏
[清]汪琬　《文渊阁四库全书·集部·别集类·尧峰文钞·卷二》

南　村
望望路转深，延缘篱落静。
熏风亭午来，竹树散清影。
微袅一缕烟，有人方煮茗。

乳鱼亭
碧流滟方塘，俯槛得幽趣。
无风莲叶摇，知有游鳞聚。
翡翠忽成双，撇波来复去。

红鹅馆
高馆驱鹅群，一一梳翎翅。
软藉莎草[2]眠，群穿杏花戏。
莫学昙壤村，持换黄庭字。

香草居
风光被兰杜[3]，幽艳森然发。
不知欲遗谁，美人勤采折。
芳岁每易阑，恒忧萧艾夺。

〔1〕蓼（三声），多年生草本，花白色或粉红色；
　　莪，即莪蒿，多年生蒿类草本。生在水边，叶细如针，嫩叶可食。

〔2〕莎草，多年生草本。茎为三棱形，叶细长。生长在水边潮湿处。

〔3〕杜，即杜梨，也叫棠梨。蔷薇科梨属。落叶乔木。

浴鸥池
积泉澄不流，白鸟泛空阔。
渺渺蓣[1]蓼中，数点明如雪。
更有两鸳鸯，飞来共成列。

垂云峰
兹峰洵云奇，本自太湖选。
位置小山间，亭亭似孤巘。
何人旧题名，遗墨蚀苍藓。

度香桥
红栏与白版，掩映沧波上。
两岸柳阴多，中流荷气爽。
村居水之南，屐步每独往。

六松轩
小筑如空山，萧萧清籁发。
幽人披素衿，长啸坐林樾。
夜久浓翠寒，犹然待明月。

响月廊
回廊何窈窕，所忻夜景清。
瀺瀺露华积，迢迢汉影横。
渐见高梧末，徘徊圜魄明。

绣佛阁
朱甍高入云，泠泠度金磬。
中行散花女，焚香礼清净。
梵音绕空虚，从兹证闻性。

艺圃图
姜莱阳给谏居，此图为恽寿平画。
十亩闲园别有春，焚香却扫寄闲身。清宵已洒铜仙泪，硕果犹留旧谏臣。
破楚门西落照寒，濡毫貌出小林峦。名园中第纷无数，谁向图中仔细看。

14. 艺圃杂咏
[清] 王士祯　《精华录》

南　村
岂知城市间，村路忽迢远。
暧暧桑柘阴，晨光散鸡犬。
应有素心人，空林共偃蹇。

乳鱼亭
幽人知鱼乐，为复知鱼计。
策策与堂堂，宛有江湖意。
时逐落花来，更向空明逝。

鹤　柴
长身两君子，宛与孤松映。
三叠素琴张，一声远山静。
嘹唳月明时，风泉杂清听。

香草居
湘君遗远时，汀洲搴杜若。
菲菲来袭予，脉脉情相托。
常恐鹍鸠鸣，芳香坐摇落。

红鹅馆
疏馆笼鹅群，素羽临秋水。
濯濯映凫翁，沿流乱芳芷。
乞写茴香花，共入丹青里。

朝爽台
崇台面吴山，山色喜无恙。
朝爽与夕霏，氤氲非一状。
想见拄笏时，心在飞鸟上。

〔1〕蓣，即薯蓣，山药。多年生藤本。

浴鸥池
海鸥戏春岸，时下池塘浴。
何乐从君游，忘机自驯熟。
不用骇爱居，朝朝泛寒绿。

垂云峰
具区三万顷，奇峰七十二。
割取一片云，虎牙自孤锐。
飒然山雨来，咫尺流云气。

度香桥
陂塘何逶迤，飞虹镜中起。
但闻功德香，都不辨花水。
鼻受心已着，遂契无言语。

六松轩
髯翁阅千岁，才如熟羊胛。
不逐桃李妍，何妨雪霜压。
可望不可狎，爱此李鳞甲。

响月廊
修廊非一曲，窈窕随清樾。
扫地坐焚香，心迹两幽绝。
籁䔡风萧萧，无人见明月。

绣佛阁
楼阁众香中，日夕供调御。
仙梵远萧条，随风不知处。
更有迦陵鸟，声来贝多树。

15. 和艺圃十二咏寄姜仲子学在
[清] 施闰章 《文渊阁四库全书·集部·别集类·学馀堂文集－诗集·卷十三》

艺圃者，吴门文文肃公之旧业。莱阳前给谏姜贞毅先生客舍也。汪钝翁为姜学在作十二咏，王阮亭见示和章，余亦漫赋简。学在闻吴湖州园，次一日留诗四十首，恨未即见也。

鹤　柴
栖君林壑间，怜君江海意。
时衔几上书，略识篇中字。
凌霄志未忘，顾影振双翅。

香草居
寻芳无处所，春风为君起。
含情怨王孙，结念思公子。
采采欲遗谁？湛湛长川水。

红鹅馆
曾闻朱鹭歌，素羽纷已烂。
身入荷花红，掌翻萍藻乱。
有客坐临池，沿波方汗漫。

朝爽台
日出喧众鸟，孤怀易惆怅。
朝光木未来，拄笏闲相向。
有时笠泽云，飞著茅亭上。

乳鱼亭
水木共深翠，鱼从莲叶戏。
濯缨有余清，把钓浑闲事。
逍遥濠上游，千古一高寄。

浴鸥池
主人读南华，鸥泛空明里。
出没狎潜鳞，高眠就芳芷。
不有荡舟人，何由撇波起？

渡香桥
川岩罗户牖，略彴[1]通何处？
怀新径不穷，直蹑飞虹去。
花气秋满衣，坐石澹容兴。

垂云峰
片石倚天立，五丁削不得。
题字昔何人？青苍万古色。
伫望杳难攀，亭亭自孤直。

响月廊
沉沉松桧冷，飒飒风泉清。
月凉鹤自警，中夜时一鸣。
此际倚栏客，泠然沧海情。

六松轩
乔柯作偃盖，清荫周四壁。
自具虬龙姿，风涛声戛击。
执卷坐中庭，晴空微露滴。

绣佛阁
众香国中住，清净生妙理。山邻支道人，身合庞居士。
惟余文字禅，高言不妨绮。

16. [清]徐崧、张大纯纂辑《百城烟水·卷二·吴县·思嗜轩》，江苏古籍出版社，1999年

思嗜轩，在宝林寺东。万历间为袁宪副讳庚，嘉靖辛丑进士醉颖堂，崇祯间为文文肃讳震孟，天启壬戌鼎元药圃，垂杨修竹，方塘崇阜，为阊门内胜地。今为莱阳姜给谏讳埰，字如农，崇祯辛未进士侨寓，更名敬亭山房。敬亭者，宣州之山也。先生于崇祯间，以论列首辅杖戍宣州，故题此，以志不忘君命。临殁遗命葬戍所。门人私谥贞毅先生园中有枣树数株，先生长子安节筑思嗜轩，远近赋诗赠之。安节后亦移家宣州。次子实节，别有《艺圃诗刻》。

施闰章　趋庭有旧树，花发何纂纂。昔日怡老颜，今日悲断肠。果落余空枝，肠摧无尽时。敬亭山下墓，重引泪如丝。

汪琬　中庭枣实何离离，先生去矣不可追。平时绝似曾子，每逢剥枣朵我颐。郎君能泣蓼莪句，秋霜春云凄然处。目望昭亭墓上云，手攀艺圃池头树。

刘文昭　风雾暗长陵，星辰忽易位。抗疏独黄门，忧天天果坠。投荒羁宛陵，感恩犹自慰。今夏逢令嗣，一见客心碎。揽我思嗜轩，顿生忠孝愧。为园多艺枣，云是先人惠。结实何离离，抚柯坠双泪。班荆话树间，坐待秋云退。

姜希辙　永怀嗜枣志，披册圃余哀。先烈纲常重，贻谋忠孝开。似瓜堪介寿，报果继雄才。忆得盘餐日，昭亭泣夜台。

余思复　峨峨阊闾城，郁郁城西圃。青青众芳草，中有伤心树。维昔黄门公，上书蒙谪戍。种此赤心果，於焉情所寓。佳儿每过之，彷徨不能去。岁岁嘉实成，凄凄感霜露。孤忠遗泽长，大孝终身慕。哀哉庐溪叟，不得溪上住。

纪映钟　吴市长为客，先人有敝庐。永思天罔极，力学日无虚。笃谊仍肱被，清忠问血裾。松筠珍手泽，相对读遗书。

徐　崧　石栏凭望处，风木感何深？八月垂朱实，空庭覆绿荫。栽培前代事，土物故乡心。不是师曾子，天怀自古今。

史惟圆　苔满春园，蟫客何人？径来呼酒，还须作酢。闻说黄门留谏草，历乱寒光

[1]略彴，小桥。

相射。想箕尾，天风吹下。更有元方兄弟在，说批鳞旧事人犹怕。磨一剑，倚天挂。当轩枣树，春霖洒，是当年先生手植，清荫如画。思嗜名轩君意苦，肠断松门石马。莫漫许，邻竿轻打。叹息蓼莪千载后，有思亲涕泪如君者？题赠句，锦为藉。

  姜安节　纂纂轩前枣，攀条陟岵时，开花青眼对，结实赤心期。似枣甘风味，如瓜系梦思。只今存手泽，回首恸深悲。

17. [清]徐崧、张大纯纂辑《百城烟水·卷二·吴县·停云馆》，江苏古籍出版社，1999年

  "停云馆，在三条桥西北曹家巷。文温州林所构，子待诏徵明亦居之，嘉靖间所勒帖谱十二卷盛行，其名益著。今五世孙捵，亦以工诗能画称。"

  文徵明《重葺先庐》　基构百年谋，依然四壁秋。庭荫别树色，檐影带云流。客到从题凤，余生本类鸠。稍令供燕祭，此外复何求？

  文　枏《复归停云故里》　问讯今何夕？依然是旧庐。虽无三径竹，尚有半床书。老桂香犹在，幽兰叶未疏。深思当日事，此后复何如？

  金俊明《停云馆看牡丹同灌溪李侍御》　宿雨初收酿绿荫，停云旧馆共招寻。名花还悦高人目，静对已殊酣赏心。几度残春当此日，独余新月照微吟。筵前却喜无歌舞，不遣香魂叹夜深。

  徐　崧《同金亦陶过访文宾日有赠》　待诏文章著，茆堂天下闻。巷无驰马客，笼有换鹅群。咫尺三桥近，沿洄二水分。如君工翰墨，犹足继停云。

18. 念祖堂记
[清]黄宗羲　《南雷文案·卷二》

  念祖堂者，卿墅先生之居也。先生家莱阳，侨寓吴门，不忘其本，故名堂以识之。昔周元公从营道之濂溪，识于匡庐；朱文公以婺源之紫阳，识于崇安，其义一也。……斯堂也，为文文肃歌哭之所。文肃之后，废为马厩。

  马厩之后，辟自先生。……余昔谒文肃，两至其地，曲池怪石，低徊欣赏，不知其可悲如是也。

19. 《民国吴县志·卷三十九上·舆地考·第宅园林》"文文肃公震孟宅"

  "文文肃公震孟宅在宝林寺东，即袁宪副绳之醉颖堂也。中有世纶堂。圃曰药圃。又有青瑶屿，公读书处也。后为莱阳姜贞毅先生埰寓居，更名敬亭山房。魏禧有记。圃中有枣树数株，贞毅长子安节筑室，曰思嗜轩。仲子实节辟为艺圃。汪琬有记。又为屋五楹，曰念祖堂。为岁祀燕享之所。今为绸业公所。"

20. 《民国吴县志·卷三十九上·舆地考·第宅园林》"香草垞"

"香草垞在高师巷，中书文震亨即冯氏废园以构对面即停云馆。中有四婵娟堂、绣铗堂、笼鹅阁、斜月廊、众香廊、啸台、玉局斋、乔柯、奇石、方池、曲沼、鹤栖、鱼床、燕幕，以至纤筠、弱草、盎峰、盆卉，无不被以嘉名。"

21. 《民国吴县志·卷三十九下·舆地考·第宅园林》"谏草楼"

"谏草楼，处士姜实节为其父贞毅先生垛之影堂。楼东有思敬居、改过轩、山箱阁，为实节读书处。"

22. 《民国吴县志·卷三十六·舆地考·寺观》"宝林禅寺"

"宝林禅寺在城西北隅，专诸巷东。初为庵。元至正间，僧圆明开山。明洪武初归并广化寺。宣德二年毁。正统十二年乾隆县志作十一年重建，赐寺额。内有周文襄公忱生祠，今废。又有礼栏径、梧桐院、水竹亭、山茶坞、煮雪寮、停鹤馆、方塘、石桥、蕉窗、薜萝庵十景。……"

23. 七襄公所记
[清]杨文荪（碑拓）

七襄公所者，前明姜贞毅先生寓居遗址也，在吴郡治西北宝林寺之东。其先为袁副使祖庚宇，继归文文肃公，名曰药圃。贞毅先生得之，更名敬亭山房。仲子实节乃辟为艺圃，见于名人题咏。迄今一百七十馀年，易主者屡矣。道光癸未、甲申间，郡中吴氏始葺而新之。余曾偕诸同人燕集于此，分韵赋诗，一时称盛。嗣客游江淮，不获再至。迨己亥，吴氏将他徙，于是胡君寿康、张君如松拟创建会馆，率先各垫五百金；吴中绸缎同业者，咸量力亦各垫多金，购营公所，名曰七襄，以为同业议事公局。俟后有新开店业，议定一体照捐襄其事。范君徵铨为之会计。局既定，乃疏池培山，堂轩楼馆、亭台略约之属，悉复旧观。补植卉木，岭梅沼莲，华实蕃茂，来游者耳目疲乎应接，手足倦乎攀历，不异仲子当日矣。胡、张二君是举，非徒与友朋会合燕闲愒息计也。吴中百货萃聚，四方懋迁有无者辐凑，莫不有会馆。绸缎肆方甲于天下，独会馆阙然未备，市价之低昂无以定，物色之良楛无以别。至于同业或有善举，亦无从会集议行。兹园介乎阛阓之区，各肆近在跬步，其势特便。爰筹公费，立规条。如同业中有老病废疾不能谋生者，有鳏寡孤独无所倚籍者，有异乡远客贫困不能归里者，由各肆报之公局，令司月者核实，于公费中量为资助。其费则各肆酌捐五厘，按月汇交公局，籍而记之，以待诸用。既请郡守靖安舒公达于两大府臬、方伯、廉访，立案勒石，复移知浙江嘉、湖二郡，晓谕绸绫各肆，一体遵守。经纬详备，意思深远，可谓至矣。夫为兹园之主者，自昔多名臣高士，清操义烈，或则风流文采，槃敦周旋，非徒侈土木、贮歌舞以夸耀庸妄者。比今改建会馆，虽今昔人事不尽同，而诸君子之勇于为善，崇实黜华，将使载之志乘，足以垂远而风世，洵与昔贤殊途同归，不负此胜境矣！粮储观察望江倪公，闻而善之，属文荪为之记。文荪尝读汪尧峰艺圃前后二《记》、归元恭匾额跋、顾云美合刻诗文记，悉其颠末。今喜兹园之得所主也，故乐为书之。

大清道光二十有七年，岁在丁未五月，海宁杨文荪撰，仪征程荃书。

24. 艺圃重修记
苏州市人民政府立　公元一九八九年十月

艺圃始建于明代，原系袁祖庚醉颖堂，后为文震孟药圃。清初归姜埰，名敬亭山房，继称艺圃。清中叶至民国间，属绸缎同业七襄公所。新中国建立后，一九五六年曾予修葺。十年动乱期间，廊榭倾颓，池沼湮废，秽败不堪。一九八二年拨款六十一万元全面整修。博雅堂、延光阁、旸谷书堂、思敬居、乳鱼亭、思嗜轩、朝爽亭、香草居、南斋、响月廊诸构次第修复，浚池疏泉、叠石植树，尽还旧观。一九八四年九月竣工。工程设计与施工荣获建设部及江苏省嘉奖。艺圃占地六亩许，水木明瑟，庭宇清旷，犹存明代风致。一九六三年被列为市文物保护单位。

25.　刘敦桢　《苏州古典园林》，中国建筑工业出版社，1979年

艺圃在文衙弄五号，始建于明，曾属官僚文震孟（文徵明曾孙），名药圃。清初改名艺圃，又名敬亭山房[1]，现在园内山池布局大致仍因明末清初旧况，全园面积约5亩。但据清康熙年间王翚（石谷）所绘《艺圃图》，池北原无水榭，临池仅作平台，平台之西原有厅堂（即敬亭山房），现已不存，其前的荷池曲桥也有所改观。

进住宅大门，经曲折的长巷达前厅世纶堂，由此西行入园。园中主要厅堂博雅堂南有小院，院中设湖石花台，院南临池建水阁五间，挑于池面，水榭两侧厢房也临池而和池东西厢房相连属。园的总体布局以水池为中心，池北以建筑为主，池南堆土叠石为山，山上林木茂密，西南辟小院一区，缭以围墙，开圆洞门与中部山池相通。池东西两岸以疏朗的亭廊树石作为南北之间的过渡与陪衬。

由水榭东厢房折南，沿东岸小径至乳鱼亭，此亭木构系明代遗物。池水于亭东南汇为一泓小池，架以微拱的石板桥，形如苏州地区常见石桥的缩影，应是此园初期作品。渡桥至山下，路分为二：一路入山洞而盘折登山至六角亭；另一路沿池南绝壁西行，而至池西南角的曲桥。此桥低贴水面，西通回廊及圆洞门内小院。院中凿小池与大池相通，散置湖石花木，是园内最僻静的一区，原有藏书楼（谏草楼）已不存。

此园水池占地约一亩，布置以聚为主，仅在东南角和西南角伸出水湾各一，水口各架石板桥一座，故水面显得开朗辽阔，而曲折的水湾又与主体池面形成对比。只是北岸水榭过于平直，显得呆板。池东西两岸层次也较少。池南假山用土堆成，临池用湖石叠成绝壁及危径，从池北眺望，山石嶙峋，树木葱郁，是园中的主要对景。石径、池水与绝壁三者结合相互衬托，这种手法也见于环秀山庄、网师园等处，是明清间苏州常用的叠山理水方式。此山用石

[1] 清康熙五十年张松斋《采风类记》卷三吴县下："艺圃即文文肃公药圃，今为莱阳姜给谏侨寓，更名敬亭山房"。又见清魏禧《敬亭山房记》，清汪琬《姜氏艺圃记》、《艺圃后记》，清黄宗羲《念祖堂记》（均见民国《吴县志》卷三十九上所录）。

不多，但石径洞壑曲折，富有变化，可是石块堆叠稍嫌琐碎，又因背光而立，石壁缺乏阴影变化，显得平板而少层次。山东侧有园外楼房及高墙暴露于园内，又缺乏遮蔽，是不足之处。

综观此园，布局简练开朗，池岸低平，水面集中，无壅塞局促之感，风格自然朴质，较多地保存了建园初期的规制，有一定的历史价值与艺术价值。

26. 《明史·卷二百五十一·列传第一百三十九》

"文震孟，字文起，吴县人，待诏徵明曾孙也。祖国子博士彭，父卫辉同知元发，并有名行。震孟弱冠以春秋举于乡，十赴会试。至天启二年，殿试第一，授修撰。……

时魏忠贤渐用事，外廷应之，数斥逐大臣。震孟愤，于是冬十月上《勤政讲学疏》，言：'今四方多故，无岁不蹙地陷城，覆军杀将，乃大小臣工卧薪尝胆之日。而因循粉饰，将使祖宗天下日销月削。非陛下大破常格，鼓舞豪杰心，天下事未知所终也。陛下昧爽临朝，寒暑靡辍，政非不勤。然鸿胪引奏，跪拜起立，如傀儡登场已耳。请按祖宗制，唱六部六科，则六部六科以次白事，纠弹敷奏，陛下与辅弼大臣面裁决焉。则圣智日益明习，而百执事各有奋心。若仅揭帖一纸，长跪一诺，北面一揖，安取此鹭行豸绣、横玉腰金者为。经筵日讲，临朝有期，学非不讲。然侍臣进读，铺叙文辞，如蒙师诵说已耳。祖宗之朝，君臣相对，如家人父子。咨访军国重事，闾阎隐微，情形毕照，奸诈无所藏，左右近习亦无缘蒙蔽。若仅尊严如神，上下拱手，经传典谟徒循故事，安取此正笏垂绅、展书簪笔者为。且陛下既与群臣不洽，朝夕侍御不越中涓之辈，岂知帝王宏远规模。于是危如山海，而阁臣一出，莫挽偷安之习，惨如黔围，而抚臣坐视，不闻严谴之施。近日举动，尤可异者。邓元标去位，冯从吾杜门，首揆冢宰亦相率求退。空人国以营私窟，几似浊流之投。置道学以逐名贤，有甚伪学之禁。唐、宋末季，可为前鉴。'

疏入，忠贤屏不即奏。乘帝观剧，摘疏中'傀儡登场'语，谓比帝于偶人，不杀无以示天下，帝颔之。一日，讲筵毕，忠贤传旨，廷杖震孟八十。首辅叶向高在告，次辅韩火广力争。会庶吉士郑鄤疏复入，内批俱贬秩调外。言官交章论救，不纳。震孟亦不赴调而归。六年冬，太仓进士顾同寅、生员孙文豸坐以诗悼惜熊廷弼，为兵马司缉获。御史门克新指为妖言，波及震孟，与编修陈仁锡、庶吉士郑鄤并斥为民。

崇祯元年以侍读召。改左中允，充日讲官。三年春，辅臣定逆案者相继去国，忠贤遗党王永光辈日乘机报复，震孟抗疏纠之。帝方眷永光，不报。震孟寻进左谕德，掌司经局，直讲如故。五月复上疏曰：'群小合谋，欲借边才翻逆案。天下有无才误事之君子，必无怀忠报国之小人。今有平生无耻，惨杀名贤之吕纯如，且藉奥援思辨雪。永光为六卿长，假窃威福，倒置用舍，无事不专济以狠，发念必欺而饰以朴。以年例大典而变乱祖制，以考选盛举而摒斥清才。举朝震恐，莫敢讼言。臣下雷同，岂国之福。'帝令指实再奏。震孟言：'杀名贤者，故吏部郎周顺昌。年例则抑吏科给事中陈良训，考选则摈中书舍人陈士奇、潘有功是也。'永光窘甚，密结大阉王永祚谓士奇出姚希孟门。震孟，希孟舅也。帝心疑之。永光辩疏得温旨，而责震孟任情牵诋。然群小翻案之谋亦由是中沮。

震孟在讲筵，最严正。时大臣数逮系，震孟讲《鲁论》'君使臣以礼'一章，反复规讽，帝即降旨出尚书乔允升、侍郎胡世赏于狱。帝尝足加于膝，适讲《五子之歌》，至'为人上者，奈何不敬'，以目视帝足。帝即袖掩之，徐为引下。时称'真讲官'。既忤权臣，欲避去。出封益府，便道归，遂不复出。

五年，即家擢右庶子。久之，进少詹事。初，天启时，诏修《光宗实录》，礼部侍郎周炳谟载神宗时储位艰危及'妖书'、'梃击'诸事，直笔无所阿。其后忠贤盗柄，御史石三畏劾削炳谟职。忠贤使其党重修，是非倒置。震孟摘尤谬者数条，疏请改正。帝特御平台，召廷臣面议，卒为温体仁、王应熊所沮。

八年正月，贼犯凤阳皇陵。震孟历陈致乱之源，因言：'当事诸臣，不能忧国奉公，一统之朝，强分畛域，加膝坠渊，总由恩怨。数年来，振纲肃纪者何事，推贤用能者何人，安内攘外者何道，富国强兵者何策。陛下宜奋然一怒，发哀痛之诏，按失律之诛，正误国之罪，行抚绥之实致，宽闾阎之积逋。先收人心以遏寇盗，徐议浚财之源，毋徒竭泽而渔。尽斥患得患失之鄙夫，广集群策群力以定乱，国事庶有瘳乎！'帝优旨报之，然亦不能尽行也。

故事，讲筵不列《春秋》。帝以有裨治乱，令择人进讲。震孟，《春秋》名家，为体仁所忌，隐不举。次辅钱士升指及之，体仁佯惊曰：'几失此人。'遂以其名上。

六月，帝讲增置阁臣，召廷臣数十人，试以票拟。震孟引疾不入，体仁方在告。七月，帝特拜震孟礼部左侍郎兼东阁大学士，入阁预政。两疏固辞，不许。阁臣被命，即投刺司礼大阉，兼致仪状，震孟独否。掌司礼者曹化淳，故属王安从阉，雅慕震孟，令人辗转道意，卒不往。震孟既入直，体仁每拟旨必商之，有所改必从。喜谓人曰：'温公虚怀，何云奸也？'同官何吾驺曰：'此人机深，讵可轻信。'越十余日，体仁窥其疏，所拟不当，辄令改，不从，则径抹去。震孟大愠，以诸疏掷体仁前，体仁亦不顾。

都给事中许誉卿者，故劾忠贤有声，震孟及吾驺欲用为南京太常卿。体仁忌誉卿伉直，讽吏部尚书谢陞劾其与福建布政使申绍芳营求美官。体仁拟以贬谪，度帝欲重拟必发改，已而果然。遂拟斥誉卿为民，绍芳提阁。震孟争之不得，怫然曰：'科道为民，是天下极荣事，赖公玉成之。'体仁遽以闻。帝果怒，责吾驺、震孟徇私扰乱。吾驺罢，震孟落职闲住。

方震孟之拜命也，即有旨撤镇中官。及次辅王应熊之去，忌者谓震孟为之。由是有谮共居功者，帝意遂移。震孟刚方贞介，有古大臣风。惜三月而斥，未竟其用。

归半岁，会甥姚希孟卒，哭之恸，亦卒。廷臣请恤，不允。十二年诏复故官。十五年赠礼部尚书，赐祭葬，官一子。福王时，追谥文肃。二子秉、乘。乘遭国变，死于难。"

27. 文文肃公传
[清]汪琬　《文渊阁四库全书·集部·别集类·尧峰文钞·卷三十五》

"公讳震孟，字文起。先世衡州人，自衡屡迁，始定居於苏。有讳林者，偕其弟森，后先举进士，林官至温州知府，森巡抚都御史，而文之族始大。林生翰林待诏徵明，徵明生国子博士彭，彭生卫辉同知赠左谕德兼侍讲元发，元发生公。年二十一，以春秋经，举应天乡试，凡十上礼部，天启二年始举会试，以殿试第一人，授翰林院修撰。於时熹宗幼冲，太监魏忠贤擅权，群小相次用事。方下讲学之禁而谋尽逐东林党人。公乃疏请劝学勤政，语侵忠贤。忠贤怒指疏中字以为嘲讪，有旨将予杖，阁臣力救，改降二级调外，遂策蹇以归。公故与姊子姚文毅公希孟及里中周忠介公顺昌友善，其志节略同，又视东林诸先生辈行甚后而风采论议数相企慕，故群小争目为党魁。及归里，忠介公既被逮，死，……。公日夜惧不免，豫诀家人。俟缇骑到即引决，幸而不及于祸。未几，一妄男子作步天歌以寓刺讽，厂卫捕获，即锻炼狱辞，令牵连公。公亦遂削籍。崇祯改元，荐起侍读寻进坐中允、左谕德，充日讲官，累至左庶子少詹事兼侍读学士，纂修《熹宗实录》。日讲如故。……其明年，廷推阁员，公资浅不在推中，特旨命吏部取公年籍履历入，遂拜礼部左侍郎兼东阁大学士，入阁办事。……（温）体仁露章言，皇上所以鼓励天下者，惟此爵禄名位而文某云云，以股肱心膂之臣出此悖伦灭法之语，欲以激怒帝。帝果意公有私得，旨闲住。公罢，……公归里，甫半岁而病殁。……四方贤士大夫争悼惜之。公性方严不苟合，以是数忤小人。在内阁不满三月，虽屡见宠顾而受同官排蹈，迄未及有所设施，家居。公廉，自守苞苴，不敢及门通籍，凡十有五年。至于贵显，其第宅犹仍诸生时所居，从未尝拓地一弓、建屋一椽也。……越三年，始复原官，致仕又二年，赠礼部尚书。福王立，追谥文肃。……及公殁，明竟以此亡天下。云有两子，长子秉，最知名，明亡隐居竺坞之丙舍，杜门著书终其身。

前史官汪琬曰：琬尝访公故居，盖已易主矣。因抵其读书之所，所谓青瑶屿者，俯清沼，攀修柳，慨然久之。适大风飒飒起林木间，辄想象公掀髯抵手痛诟逆党时也。琬谨按公行状及秉所撰愍帝小识，诠次为传，以授秉之子点，俾后生有考焉。"

28. 《明史·卷二百五十八·列传第一百四十六》

"姜埰，字如农，莱阳人。崇祯四年进士。授密云知县，调仪真，迁礼部主事。十五年擢礼科给事中。

山阳武举陈启新者，崇祯九年上书，言："天下三大病。士子作文，高谈孝悌仁义，及履官，恣行奸慝。此科目之病也。国初典史授都御史，贡士授布政，秀才授尚书，嘉靖时犹三途并用，今惟一途，举贡不得至显官，一举进士，横行放诞。此资格之病也。旧制，给事御史，教官得为之，其后途稍隘，而举人、推官、知县犹与其列，今惟以进士选。彼受任时，先以给事御史自恃，监司郡守承奉不暇，剥下虐民，恣其所为。此行取考选之病也。请停科目以绌虚文，举孝廉以崇实行，罢行取考选以除积横之习，蠲灾伤田赋以苏民困，专拜大将以节制有司便宜行事。'捧疏跪正阳门三日，中官取以进。帝大喜，立擢吏科给事中，历兵科左给事中。刘宗周、詹尔选等先后论之。歙任杨光先讦其出身贱役，及徇私纳贿状。帝悉不究。然启新在失所条奏，率无关大计。御史王聚奎劾其溺职，帝怒，谪聚奎。以佥都御史李先春议聚奎罚轻，并夺其职。久之，御史伦之楷劾其请托受赇，还乡骄横，始诏行勘。未上而启新遭母忧，埰因劾其不忠不孝，大奸大诈。遂削启新籍，下抚按追赃拟罪。启新竟逃去，不知所之。国变后，为僧以卒。

时帝以寇氛未息，民罹锋镝，建齐南城。埰上疏谏，不报。已，陈荡寇二策，曰明农业，收勇敢。帝善其言。

初，温体仁及薛国观排异己及建言者。周延儒再相，尽反所为，广引清流，言路亦蜂起论事。忌者乃造二十四气之说，以指朝士二十四人，直达御前。帝适下诏戒谕百官，责言路尤至。埰疑帝已入其说，乃上言：'陛下视言官重，故责之严。如圣谕云'代人规卸，为人出缺'者，臣敢谓无其事。然陛下何所见而云？倘如二十四气蜚语，此必大奸巨憝，恐言

者不利己，而思以中之，激至尊之怒，箝言官之口，人皆喑默，谁与陛下言天下事者？'

先是，给事中方士亮谕密云巡抚王继谟不胜任，保定参政钱天锡因夤缘给事中杨枝起、廖国遴，以属延儒，及廷推，遂得谕旨。适帝有'为人出缺'论，盖举廷臣积习告戒之，非为天锡发也。垛探之未审，谓帝实指其事，仓卒拜疏。而帝于是时方忧劳天下，默告上帝，戴罪省愆。所颁戒谕，词旨哀痛，读者感伤。垛顾反覆诘难，若深疑于帝，帝遂大怒，曰'垛敢诘问诏旨，亵玩特甚。'立下诏狱考讯。掌镇抚梁清宏以狱词上，帝曰：'垛情罪特重。且二十四气之说，类匿名文书，见即当毁，何故累胜奏牍。其速按实以闻。'

时行人熊开元亦以建言下锦衣卫。帝怒两人甚，密旨下卫帅骆养性，令潜毙之狱。养性惧，以语同官。同官曰：'不见田尔耕、许显纯事乎？'养性乃不敢奉命，私以语同乡给事中廖国遴，国遴以语同官曹良直。良直即疏劾养性'归过于君，而自以为功。陛下无此旨，不宜诬谤，即有之，不宜泄。请并诛养性、开元。'养性大惧，帝亦不欲杀谏臣，疏竟留中。会镇抚再上垛狱，言掠讯者再，供无异词。养性亦封还密旨。乃命移刑官定罪，尚书徐石麒等拟垛戍，开元赎徒。帝责以徇情执法，令对状。乃夺石麒及郎中刘沂春官，而逮垛、开元至午门，并杖一百。垛已死，垛弟垓口溺灌之，乃复苏，仍系刑部狱。明年秋，大疫，命诸囚出外收保。垛、开元出，即谒谢宾客。帝以语刑部尚书张忻，忻惧，复禁之狱。十七年二月始释垛，戍宣州卫。将赴戍所而都城陷。

福王立，遇赦，起故官。丁父艰，不赴。国变后，流寓苏州以卒。且死，语其二子曰：'吾奉先帝命戍宣州，死必葬我敬亭之麓。'二子如其言。"

29. [明]顾苓 《武英殿中书舍人致仕文公行状》

（文震亨）"少而颖异，生长名门，翰墨风流，奔走天下。……公长身玉立，善自标置，所至必窗明几净，扫地焚香。所居香草垞，水木清华，房栊窈窕，阛阓中称名胜地。曾于西郊构碧浪园，南都置水嬉堂，皆位置清洁，人在画图。致仕归，于东郊水边林下，经营竹篱茅舍，未就而卒，……"

30. 《民国吴县志·卷六十八·传·列传六》

"汪琬，字苕文。少孤，自奋读书，五行俱下。举顺治乙未进士。视政通政司使。归，锐意为古文辞，以起衰自命。寻授户部主事，分司大通桥。进员外郎，改刑部，迁郎中。……琬刚直不挠，明冤讼，决疑狱，惩奸豪。任满去，民炷香洒洒，送者塞道。复为户部主事。…以病假。归，结厅尧峰山，益闭户著书。家居九年，以博学鸿词，诏试授编修，与修明史。在史馆六十日，撰史百七十篇，即杜门称疾。逾年仍告归。归十年而卒，年六十七。琬为文，根柢六经，浸淫史汉。取法唐宋元明诸大家，文旨命意皆有所本。…其叙事尤有法度，一时名公巨卿志铭表传必以琬为。归，性亢直，不能容人过，虽贤人文士交游遍天下，而忌之者亦众。自知不容于流俗，故前后闲居二十余年，泊然自乐也。"

附录二　艺圃历史图片

目　录

1. [清]王翚，《艺圃图》中姜氏艺圃时期的主要建筑
2. 20世纪50年代的艺圃（1953年普查，1956年测绘）
3. 《苏州旧住宅参考图录》中的艺圃测绘图（1958年10月）
4. 1982年7月修复工程开始前现场踏勘时所见艺圃及修复设计图纸
5. 《苏州园林名胜旧影录》中的艺圃照片

1. [清] 王翚，《艺圃图》中姜氏艺圃时期的主要建筑

四时读书乐楼

垂云峰

◆ 念祖堂

旸谷书堂

爱莲窝

乳鱼亭

◆ 爱莲窝与乳鱼亭

◆ 敬亭山房及红鹅馆，六松轩

◆ 响月廊，鹤柴

2. 20世纪50年代的艺圃
(1953年普查,1956年测绘)

来源:《苏州古典园林》,刘敦桢,中国建筑工业出版社,1979年

◆ 1. 自浴鸥小园向外望浴鸥门 [原文图八-3]

◆ 3. 自浴鸥门外望浴鸥小园 [原文图八-5]

◆ 2. 自浴鸥小园向外望浴鸥门 [原文图八-8]

4. 池南之叠山 [原文图八-6]

5. 乳鱼亭旁的乳鱼桥 [原文图3-17]

6. 池南叠山全景 [原文图八-7]

◆ 7. 全园东西剖面测绘图（自北向南望）［原文图八－9］

◆ 8. 乳鱼亭剖面图［原文图5－414］

◆ 9. 度香桥［原文图八－4］

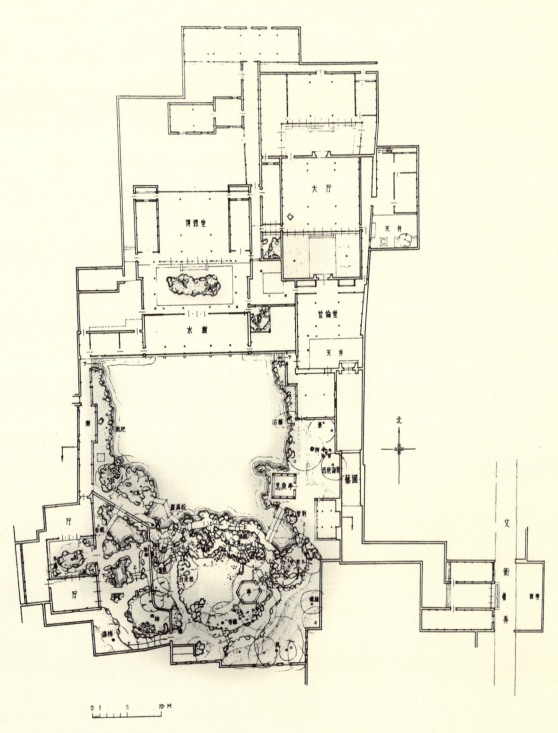

◆ 10. 全园总平面测绘图 [原文图八 - 2]

3.《苏州旧住宅参考图录》中的艺圃测绘图
（1958年10月）

来源：同济大学建筑工程系建筑研究室（未正式出版）

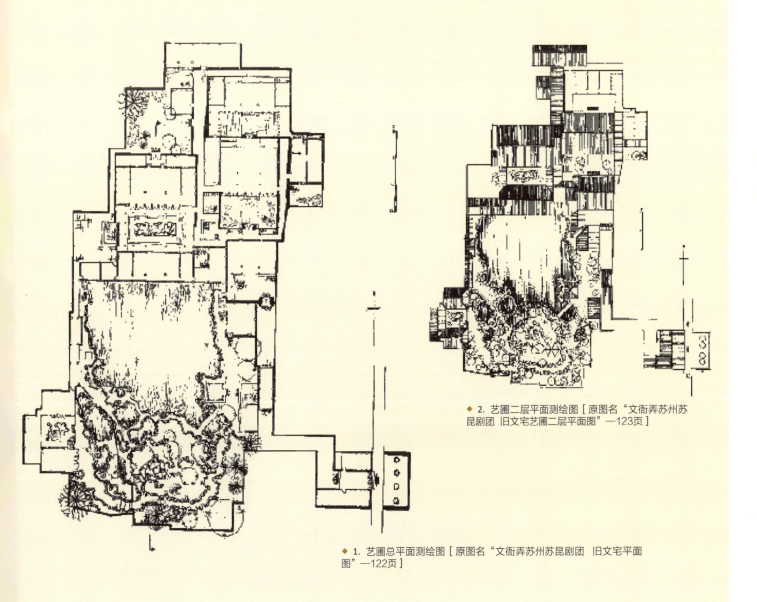

◆ 1. 艺圃总平面测绘图［原图名"文衙弄苏州苏昆剧团 旧文宅平面图"—122页］

◆ 2. 艺圃二层平面测绘图［原图名"文衙弄苏州苏昆剧团 旧文宅艺圃二层平面图"—123页］

4. 1982年7月修复工程开始前现场踏勘时所见艺圃及修复设计图纸

来源:"苏州明代园林——'艺圃'修复工程介绍",陆宏仁,《古建园林技术》1988/3

◆ 水榭(局部塌落池中)

◆ 乳鱼亭内 搭角梁及彩绘

◆ 乳鱼亭

5.《苏州园林名胜旧影录》中的艺圃照片

来源：苏州市园林和绿化管理局、衣学领主编，上海三联书店，2007年

◆ 池的北岸

◆ 乳鱼亭

◆ 山上的石峰和树木

◆ 朝爽亭

附录三　艺圃的植物

序号	植物名称	基本特征	在艺圃中的种植		备注
1	五角枫	槭树科槭树属；落叶乔木。叶掌状五裂，先端尖锐。4~5月开黄绿色小花，秋季结果，果为绿色至红色翅果	◆ 入口长方形小院内的五角枫		
2	油松	松科松属；常绿乔木。叶针形。初夏开花，花小，雄花淡黄色，雌花红紫色。果为褐色卵形球果	◆ 入口长方形小院内的油松	◆ 响月廊东侧、池西岸的油松	
3	箬竹	禾本科箬竹属；叶片大型，观赏竹。笋期4~5月，花期6~7月。尤宜于生长在长江中下游地区	◆ 入口长方形小院中五角枫、油松旁配植的箬竹		

续表

序号	植物名称	基本特征	在艺圃中的种植	备注
4	麦冬	百合科沿阶草属；多年生常绿草本植物。花期5~9月，白色或淡紫色，果青色，成熟后为紫黑色	◆博雅堂西小院湖石花台中的麦冬　◆入口小巷路边的麦冬	艺圃中多处种麦冬，或在驳岸边、或在墙基部、或在散置的湖石周围
5	凌霄	紫葳科凌霄属；攀缘藤本。叶卵形，边缘粗锯齿形。6~8月开花，花大、钟形漏斗状，红色	◆入口小巷两侧的凌霄	艺圃入口部分的小巷、浴鸥小园沿墙种凌霄
6	书带草	百合科沿阶草属；别名细叶麦冬。多年生常绿草本植物。花期5~9月，淡紫色，果蓝色	◆芹庐小院中与散置湖石配植的书带草　池东岸边的书带草	艺圃中多处种书带草，主要是在驳岸边、与其他草本花卉配植，或与散置的湖石配植

续表

序号	植物名称	基本特征	在艺圃中的种植	备 注
7	玉兰	木兰科木兰属；落叶乔木。叶互生，卵圆形。初春开花，白色、粉红色或深紫粉红色。果为圆柱形聚合果	◆ 东莱草堂院落中的玉兰	艺圃中三处种玉兰，一是东莱草堂庭院，二是爱莲窝南，三是浴鸥小园门前（池南岸）。均为孤植
8	芭蕉	芭蕉科芭蕉属；常绿大型多年生草本。茎丛生。叶大，长椭圆形。初夏开大型淡黄色花，果实近似香蕉	◆ 芭蕉小院内的芭蕉　　◆ 旸谷书堂西邻天井里的芭蕉	
9	毛竹	禾本科刚竹属；大型散生竹。笋期4月，花期5～8月	◆ 博雅堂西小院里的毛竹	

续表

序号	植物名称	基本特征	在艺圃中的种植	备注
10	枇杷	蔷薇科枇杷属；常绿乔木。叶革质，倒披针形或倒卵形，先端尖。11月至翌年2月开花，花白色、芳香，果为黄或橘色球果	◆ 博雅堂西小园东墙的枇杷	这棵枝干遒劲的枇杷树与西墙的茂盛的一大丛毛竹一东一西，共同构成小院的主景
11	白皮松	松科松属；常绿乔木。叶针形，树皮灰绿色、白色，剥落成片状。初夏开花，花小，雄花黄色，雌花绿色。果为黄褐色卵形球果	◆ 芹庐小院中的白皮松	白皮松在艺圃中都是孤植的，作为主景树。在芹庐小院中这一特点尤为显著
12	南天竹	小檗科南天竹属；亦名南天竺。常绿灌木。叶互生，椭圆状披针形，深绿色，冬季变为深红色。初夏开白色或粉红色小花，秋季结小型球果，成熟后为鲜艳的红色	◆ 浴鸥小园 西北角的南天竹	

续表

序号	植物名称	基本特征	在艺圃中的种植	备注
13	榔榆	榆科榆属；落叶乔木。叶质厚，卵状披针形，边缘有锯齿。花果期8~10月，花为聚伞状花序，果为黄褐色椭圆形翅果	榔榆	艺圃内仅有一棵榔榆，在浴鸥小园内靠东墙处，孤植，是小园内的主景树
14	柿树	柿科柿属；落叶乔木。叶互生，椭圆形或倒卵形。仲夏开花，钟形的白黄色小花。果实大，为红色、黄色或橙色浆果	柿树	浴鸥小园中种有柿树
15	枣树	鼠李科枣属；落叶乔木。叶互生，椭圆形或披针形，边缘有细锯齿。4~5月开花，花小，淡黄绿色，果期7~9月	枣树 思嗜轩	

续表

序号	植物名称	基本特征	在艺圃中的种植		备 注
16	鸡爪槭	槭树科槭属；落叶乔木。叶有5~7片裂片，尖形，秋季变为红、橙或黄色。花在春季与幼叶同时开放。果为绿色或红色翅果	◆ 池东岸的鸡爪槭		
17	朴树	榆科朴属；落叶乔木。叶卵形，先端尖。春季开花，果期9~10月，黄、橙色球形果	◆ 乳鱼桥南端的朴树		
18	鹅掌楸	木兰科鹅掌楸属；中国特有的珍稀植物。落叶乔木。仲夏开黄色花，果实为圆锥形淡褐色聚合果	◆ 乳鱼桥边的鹅掌楸		艺圃中仅有一棵鹅掌楸，种在乳鱼桥边，树形挺拔，是乳鱼亭这片区域的主景树

附录四　艺圃·测绘实录·测绘草图

"测绘的过程照理是枯燥而机械的，而疲惫之余斜倚南斋，或漫步园中，倒也是俯仰之间，自得其乐。……以前观园，多为感性认识，只觉美，而至于何为美，却不甚了解。这次测绘，让我在感性之余对园林有了更理性的认知……"

—— 夏　颖

"从西侧廊子往南行，偶遇东莱草堂院落西侧的芭蕉院，刚好小雨，静听雨打芭蕉，能有如此享受，也是一番幸事！"

—— 张文波

"过厅的八字门，对园子的景色起到很好的框景作用。门紧贴在墙壁的外侧墙面上，每当你发现它时总有别有洞天的感觉。"

—— 赖祺彬

◆ 艺圃总平面测绘草图

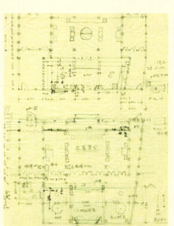
◆ 东莱草堂—"思敬居"平面测绘草图

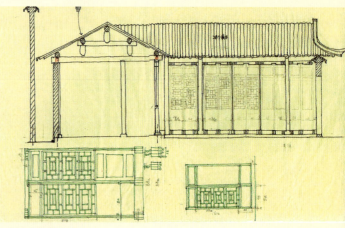
◆ 香草居立面测绘草图

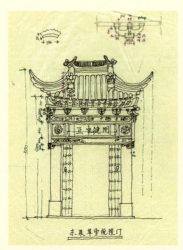
◆ 刚健中正墙门立面测绘草图

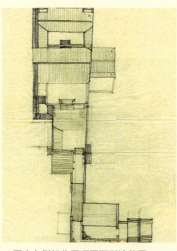
◆ 园宅东侧部分屋顶平面测绘草图

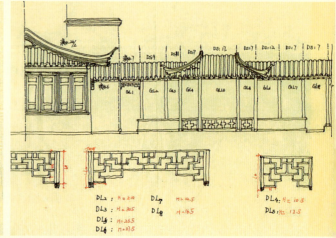
◆ 响月廊立面测绘草图

"如今的艺圃是苏州众多供游览的园林中的一座。因为在深巷之中,又是小园,因此来的人也不是很多。老人们喜欢来这里谈天说地,在乳鱼亭,在延光阁,老人们喝茶打牌、写毛笔字,在院中老人们打太极、健身。整个院子还算比较安静,没有太吵的声音,反而由于老人们的存在,园子更有生气了。"

—— 张霄、吴碧晨、吴迪、卫泽民、张勤、王泳文(测绘小组)

"在艺圃里待了五天,每天忙于焦头烂额的测绘,也曾对那些堆山叠石什么的心生怨气,埋怨它为什么这么难测,一块一块石头移动着测量,但是一旦忙里偷闲,坐在石头上看一看艺圃的水榭,给我印象最深的是一丛高高的芭蕉,在一排规矩的建筑中破墙而出……"

—— 冯若文

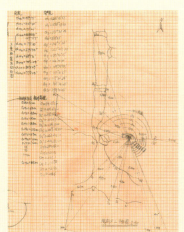
◆ 局部路径测绘草图

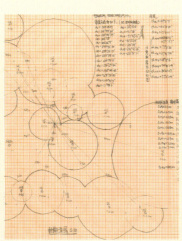
◆ 植物平面测绘草图

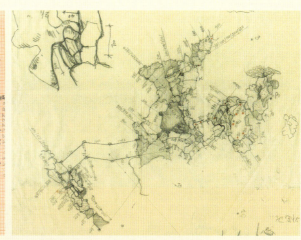
◆ 度香桥测绘草图

◆ 池山路径测绘草图

◆ 池山立面测绘草图

附录五　艺圃·测绘实录·现场照片

"现场画图可以发现很多细节的东西：小草的生长情况，野花的生长位置，以及叠石的特点……尽管看似微不足道，但自己认为是很有趣很别致的地方。"

——何政锐、张勇、于广利、郑科、曾黛林、王晓洁（测绘小组）

"在我们的测绘范围内，主要是以假山石和水池为主，我感触最深的就是假山的营建，虽然小，但是却有悬崖峭壁，将山体展现得惟妙惟肖，置身于其中，如置身于大自然中的高山之上，咫尺山林我觉得应该就是这样展现的。"

——李伟、李化贝、刘玲、刘腾潇、袁舒（测绘小组）

东吴形胜　园林为最　无车喧马嚣具闲情野趣　有清风明月林壑楼阁　便纵是丹青妙笔李诗柳词难描

姑苏风致　艺圃翘楚　居城市深巷得山林之景　可松下论诗砚边挥笔　又岂凭经纬水准标杆卷尺能测

——吕　安　撰联

水榭
茶溢香
寻径　院迴藤蔓
西墙
竹影衬花黄
不错鱿觞　忽觉秋已凉
归乡

——谷瑞超　撰词

后　记

  初识艺圃，是在2007年的秋初。自以为已经走遍了苏州的园子，却意外发现阊门内还有一个"艺圃"。没做任何的功课，照着地图就寻了去。

  进得园子，走过长长的折转的小巷，站在过厅西墙上的门前，亭树池山，迎面而来，那真真是一种说不出的惊艳……。靠着乳鱼亭的栏杆，望着一池秋水，发下"宏愿"，有朝一日，一定要测这个园子！

  2011年，又是秋初，带着2008级景观班本科生和2010级建筑历史班研究生，进驻艺圃。测绘虽然已经做了多年，但这却是我第一次面对古典园林，从建筑、池山到花木，做全面的测绘。学生们在现场高涨的热情、认真的工作态度，还有最终高质量的测绘成果，使得这次测绘经历殊为难忘。一周之中，在园内各处游走，积累了对这个园子更多的感受，于是激发起我探究艺圃的前世今生的热望。

  2012年的暑假，开始了艺圃的测绘成果整理与相关的研究工作，前前后后用了一年的时间。在这里，我想尝试一种以测绘为基础的、融入自我感性认识的记录中国古典园林的方式，这些个人化的感性认识混合着现场的体验、历史文献的读解、经由测绘形成的细致认识和特别的喜爱之情。不知这样的记录方式是否宜于表达中国古典园林的外形与内在，姑且尝试，就教于同道。

  此书能够付梓，感谢中国建筑工业出版社的戚琳琳女士，她的专业水准、她对此尝试的理解和认可，以及对我的信任，使得此书经过一年多的编辑、制作，终将面世。

  2012年的冬季，经历了人生中颇为艰难的一段时期，伏首在艺圃的众多文献中，于文字揣摩时暂时忘却了痛苦。而此时此刻，月色明净，坐在厦门大学的校园里，清甜的微风，拂动合欢树的枝叶。满心感慨，写下这些……

  感谢当年与我一起测绘艺圃的孩子们；感谢和我一起指导测绘的宋辉老师；感谢我的研究生，为本书做了全面详细的文献辑录工作的冯珊珊，完成全部测绘图纸、模型的整理与制作工作的张文波和陈斯亮；感谢美丽的戚琳琳女士。

  是为记。

林源

二〇一四年十二月七日 于厦门大学